KB275720

일석 3조 비젼! 스페인어 어휘

일석 3조 비젼! 스페인어 어휘

초판 1쇄 인쇄 / 2013년 8월 31일
초판 1쇄 발행 / 2013년 9월 05일

저자 / 조경호
발행인 / 서덕일
발행처 / 도서출판 문예림
출판등록 / 1962년 7월 12일 제 2-110호
주소 / 서울 광진구 군자동 1-13호 문예하우스 101호
전화 / 02-499-1281~2   팩스 / 02-499-1283
http://www.bookmoon.co.kr
Email: book1281@hanmail.net
ISBN 978-89-7482-727-4 (13770)

♣ 저자와 협의에 인지를 생략합니다
♣ 잘못된 책은 구입하신 서점에서 교환하여 드립니다.

일석 3조 비젼! 스페인어 어휘

문예림

〈일석 3조 비젼! 스페인어 어휘〉는 스페인어를 처음 시작하는 사람들이나 스페인어를 계속 공부하는 학습들에게 초급부터 중급까지의 어휘를 공부할 수 있는 학습자 입장에서 기획해 만들어진 책입니다.

〈일석 3조 비젼! 스페인어 어휘〉는 총 3부분으로 나뉘어 구성되어 있습니다.

01 초급필수 코스

초급 어휘 200개와 문장을 선정하여 소개하며, 관련 문법 또는 어휘이야기를 풀어 기초를 다지게 하는 코스입니다. 스페인어를 처음 시작하거나, 스페인어 시험을 준비하며 초급 부분을 정리하는 학습자를 위한 코스입니다.

02 필수어휘 코스

초 · 중급 어휘 1000개(동사 제외)와 문장을 선정하여 소개하며, 동의어 · 반의어를 정리하여 어휘의 폭을 넓혀 가는 기회를 제공하고 있습니다. 스페인어 시험을 준비하고 있는 초 · 중급 학습자를 위한 코스입니다.

03 필수동사 코스

필수 동사 300개와 문장을 선정하여 소개하며, 선정한 동사의 동사변화를 한 눈에 볼 수 있도록 1인칭단수부터 3인칭복수까지 6개의 동사를 한꺼번에 소개하고 있고, 동사는 주로 사용하는 변화형을 중심으로 직설법 현재, 직설법 부정 과거 · 불완료 과거, 직설법 미래, 가능법, 접속법 현재, 접속법 과거를 한 페이

지에 모두 소개함으로써 사전을 찾는 번거러움을 덜어주고 반복연습을 할 수 있게 도와주는 코스입니다.

본서는 3개의 코스 중에 <02 필수어휘 코스>입니다.

외국어 공부를 위해 어휘를 암기하는 것은 이유를 달 수 없는 부분일 것입니다. 아무리 철저한 문법을 가지고 있다고 해도 그것을 구성할 재로가 없다면 무용지물일 것입니다. 처음부터 무리한 어휘 리스트를 가지고 공부하기 보다는 쉬운 문장, 쉬운 어휘를 가지고 기초적인 문법 및 구성 능력을 갖춘 다음 본격적인 어휘의 공부를 해야 할 것입니다.

어휘를 그 하나만 암기하면 어디에도 적용되기 힘들 수 있습니다. 그 어휘를 문장을 통해 익히고, 활용하는 훈련을 해야 할 것입니다. 그리고 스페인어의 경우는 영어와 다르게 동사가 많이 변화하는 어려움이 있기 때문에 동사부분은 꼭 별도로 공부시간을 할애해야 합니다.

이 책을 통해 스페인어 학습자 여러분들의 실력이 향상되길 바라며, 학습자 여러분의 고견을 받아 더 알찬 학습서가 되도록 노력하겠습니다

바쁜 학교생활에도 단어 리스트, 질문, 의견을 내놓는 것에 시간을 할애해 준 한국외대부속 용인외고 6기 이승윤 학생과 8기 박서연, 오다형, 윤은경, 문승민, 문다은 학생에게 지면을 통해 고마움을 전하며, 항상 제2외국어를 위해 애정을 쏟아 주시는 서덕일 사장님과 문예림 출판사에 고마움을 표합니다.

2013. 5월

조경호

02 필수 어휘

SEGUNDO CURSO

0001

ancho
[안초]

adj. 넓은, 폭 넓은
No he visto tan ancha cama como esa.
그 침대처럼 그렇게 넓은 침대를 본적이 없다.
1+1 estrecho 좁은

0002

jugo
[후고]

m. 주스
Después de almorzar, tomamos un jugo de manzana.
점심식사 후에, 우리는 사과주스를 마신다.
1+1 zumo 주스

0003

frío
[프리오]

adj. 추운, 차가운 *m.* 차가움, 추위
Me ducho con agua .
나는 차가운 물로 샤워를 한다.
1+1 calor 더위

0004

seco
[세꼬]

adj. 마른, 건조한, 떫은(맛)
Está muy seco en otoño.
가을은 너무 건조하다.
1+1 húmedo 젖은

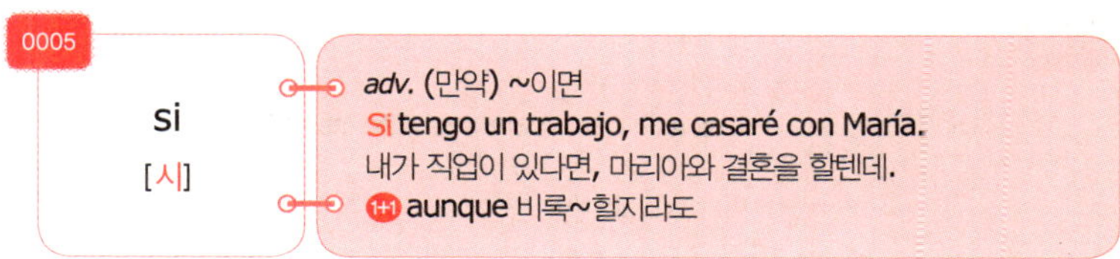

0005

si
[시]

adv. (만약) ~이면
Si tengo un trabajo, me casaré con María.
내가 직업이 있다면, 마리아와 결혼을 할텐데.
1+1 aunque 비록~할지라도

0006

barato
[바 라또]

adj. 싼, 저렴한
Es un juguete barato.
싼 장난감이다.
1+1 caro 비싼

0007

cepillo
[쎄 삐요]

m. 솔, 브러시
El cepillo está en el cajón.
브러시는 서랍 속에 있다.
1+1 peine 빗

0008

vaso
[바소]

m. 컵, 잔
¿Quieres un vaso de zumo?
주스 한잔 원하니?.
1+1 taza (커피) 잔

0009

interesante
[인떼레 산떼]

adj. 흥미로운, 재미있는
Esa película es muy interesante.
그 영화는 너무 재미있다.
1+1 aburrido 지루한

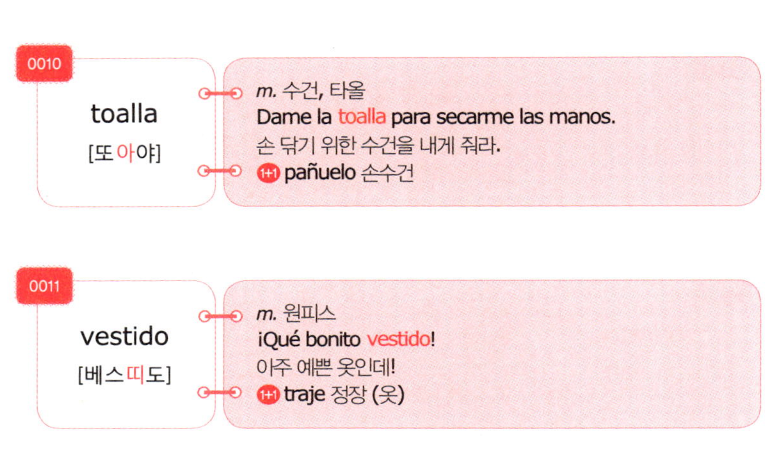

0010

toalla
[또**아**야]

m. 수건, 타올
Dame la toalla para secarme las manos.
손 닦기 위한 수건을 내게 줘라.
1+1 pañuelo 손수건

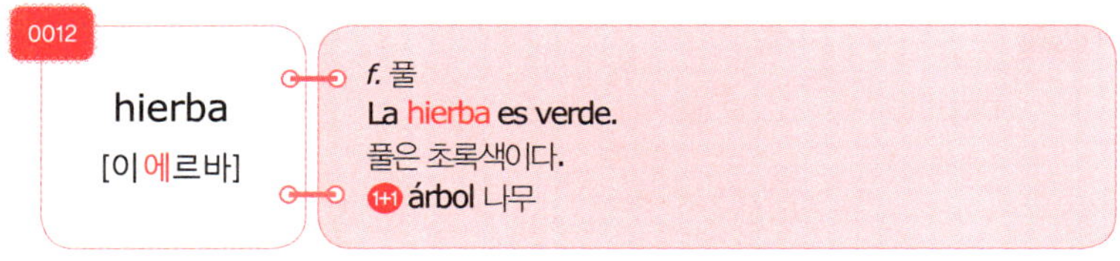

0011

vestido
[베스**띠**도]

m. 원피스
¡Qué bonito vestido!
아주 예쁜 옷인데!
1+1 traje 정장 (옷)

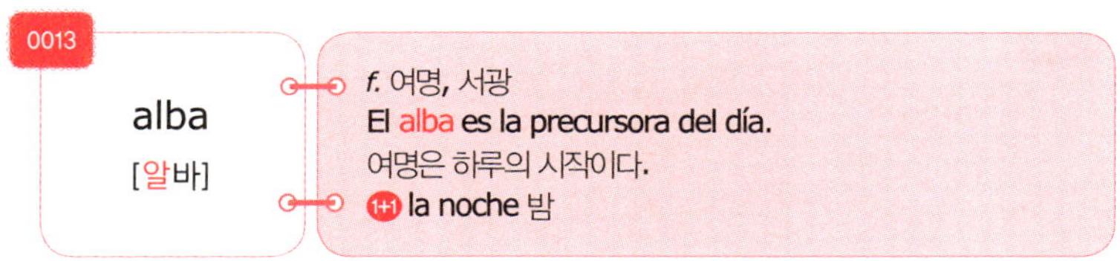

0012

hierba
[이**에르**바]

f. 풀
La hierba es verde.
풀은 초록색이다.
1+1 árbol 나무

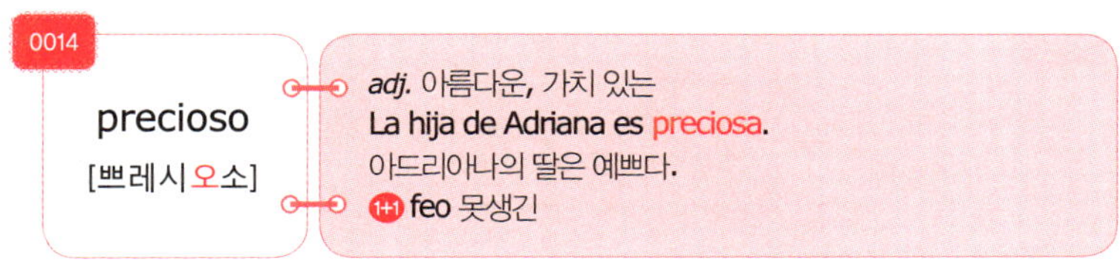

0013

alba
[**알**바]

f. 여명, 서광
El alba es la precursora del día.
여명은 하루의 시작이다.
1+1 la noche 밤

0014

precioso
[쁘레시**오**소]

adj. 아름다운, 가치 있는
La hija de Adriana es preciosa.
아드리아나의 딸은 예쁘다.
1+1 feo 못생긴

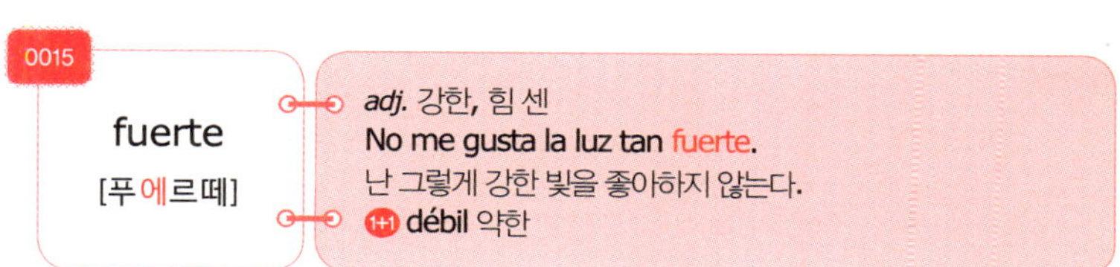

0015

fuerte
[푸에르떼]

adj. 강한, 힘 센
No me gusta la luz tan fuerte.
난 그렇게 강한 빛을 좋아하지 않는다.
1+1 débil 약한

0016

botella
[보떼야]

f. 병
Necesita el sacacorchos para abrir la botella.
병을 따기 위해서는 코르크따개가 필요하다.
1+1 lata 캔

0017

tarea
[따레아]

f. 숙제, 과제
Tengo que proponer la tarea para mañana.
난 내일까지 숙제를 제출해야 한다.
1+1 trabajo 숙제, 일

0018

nada
[나다]

(부정문에서) 아무것도 없는 것.
No dijo nada en toda la noche.
그는 저녁 내내 아무말도 하지 않았다.
1+1 algo (긍정문) 어떤 것

0019

primavera
[쁘리마베라]

f. 봄
Hay muchas flores en la primavera.
봄에 꽃들이 많다.
1+1 otoño 가을

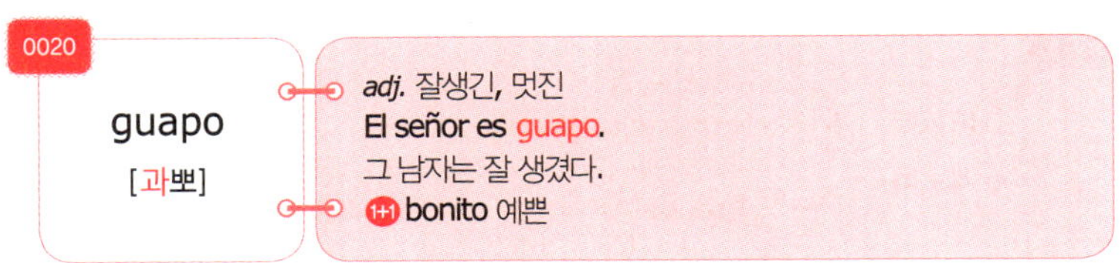

0020

guapo
[과뽀]

adj. 잘생긴, 멋진
El señor es guapo.
그 남자는 잘 생겼다.
1+1 bonito 예쁜

0021

permiso
[뻬르미소]

m. 허락, 허가(증)
¿Por qué no puedes ir? Porque no tengo permiso.
왜 너는 갈 수 없니? 왜냐하면 난 허가증이 없어.
1+1 prohibición 금지

0022

galletita
[가예띠따]

f. (galleta 축소형) 과자
Ella sirve chocolate y galletitas.
그녀는 초콜릿과 과자들을 제공한다.
1+1 helado 아이스크림

0023

sillón
[시욘]

m. (팔걸이) 의자
Puede sentarse en el sillón.
당신은 팔걸이 의자에 앉을 수 있습니다.
1+1 silla 의자

0024

sur
[수르]

m. 남쪽
México está al sur de los Estados Unidos.
멕시코는 미국의 남쪽에 있다.
1+1 norte 북쪽

0025

tienda
[띠엔다]

f. 가게
En esa tienda no se venden flores.
그 가게에서는 꽃을 팔지 않는다.
1+1 supermercado 슈퍼마켓

0026

redondo
[ㄹ~레돈도]

adj. 둥근
La tierra es redonda.
지구는 둥글다.
1+1 cuadrado 네모난

0027

precio
[쁘레씨오]

m. 가격, 가치
No puedo pagar este precio.
난 이 가격을 지불할 수 없습니다.
1+1 gratis 공짜로

0028

príncipe
[쁘린씨뻬]

m. 왕자
El príncipe es el hijo de la reina Isabel.
그 왕자는 이사벨 여왕의 아들이다.
1+1 princesa 공주

0029

rico
[ㄹ~리꼬]

adj. 부유한, 맛있는
Mi tío tiene mucho dinero. Es rico.
우리 삼촌은 돈이 많다. 부자다.
1+1 pobre 가난한

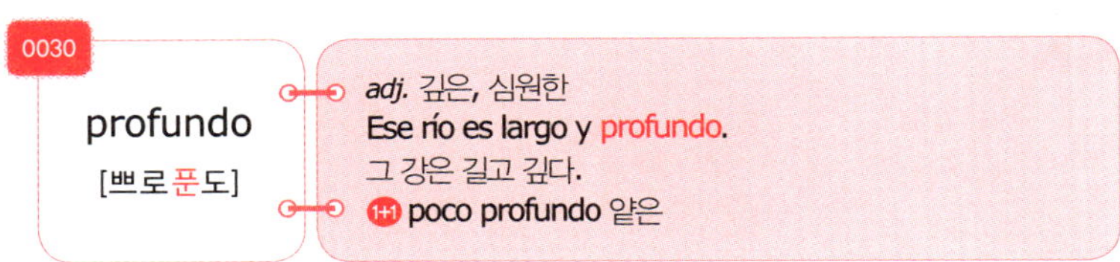

0030

profundo
[쁘로푼도]

adj. 깊은, 심원한
Ese río es largo y profundo.
그 강은 길고 깊다.
1+1 poco profundo 얕은

0031

mesa
[메사]

탁자, 테이블
Ella quita la botella de la mesa.
그녀가 테이블에서 병을 치운다.
1+1 escritorio 책상

0032

rojo
[ㄹ~로호]

adj. 빨간(색)
Quiero el coche rojo.
난 빨간색 차가 좋다.
1+1 azul 파란(색)

0033

propio
[쁘로삐오]

adj. 본연의, 특이한
Todos usan su propio papel.
모두가 각자 자신의 종이를 사용한다.
1+1 parecido 비슷한

0034

sastre
[사스뜨레]

m. 재단사
El sastre hace ropa.
재단사는 옷을 만든다.
1+1 diseñador 디자이너

0035

rama
[ㄹ~라마]

f. 가지
Esa rama no tiene hojas.
이 가지에는 잎이 없다.
1+1 raíz 뿌리

0036

reloj
[ㄹ~렐로흐]

m. 시계
El reloj no anda.
시계가 가질 않는다.
1+1 reloj de pulsera 손목 시계

0037

cerillo
[쎄리요]

m. 성냥
El cerillo puede quemar.
성냥이 탈 수 있다.
1+1 encendedor 라이터

0038

queso
[께소]

m. 치즈
Me gusta el queso.
난 치즈를 원한다.
1+1 mantequilla 버터

0039

pueblo
[뿌에블로]

m. 마을, 주민
La familia García vive en un pueblo de Andalucía.
가르씨아 가족은 안달루씨아의 한 마을에 산다.
1+1 ciudad 도시

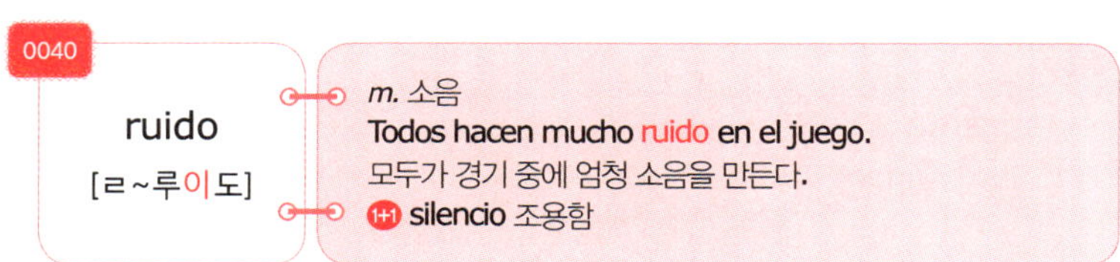

0040
ruido
[ㄹ~루이도]

m. 소음
Todos hacen mucho ruido en el juego.
모두가 경기 중에 엄청 소음을 만든다.
1+1 silencio 조용함

0041
huevo
[우에보]

m. 계란, 알
Los huevos y la leche son buenos para la salud.
계란과 우유는 건강에 좋다.
1+1 pollo 병아리

0042
salvaje
[살바헤]

adj. (동물) 야생의
En la selva hay animales salvajes.
밀림에는 야생 동물들이 있다.
1+1 silvistre (식물) 야생의

0043
mercado
[메르까도]

f. 시장
La señora visita el mercado tradicional.
그 여성은 전통시장에 방문을 한다.
1+1 los grandes almacenes 백화점

0044
ruta
[ㄹ~루따]

f. 루트, 행로
Seguimos la ruta a Barcelona.
우리는 바르셀로나로 행로를 따라간다.
1+1 senda 오솔길

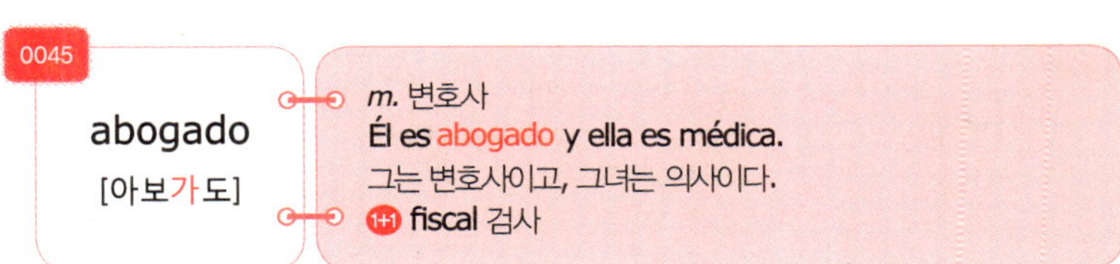

0045

abogado
[아보**가**도]

m. 변호사
Él es abogado y ella es médica.
그는 변호사이고, 그녀는 의사이다.
1+1 fiscal 검사

0046

cebolla
[쎄**보**야]

f. 양파
Quiero un bocadillo sin cebolla.
난 양파가 없는 샌드위치가 좋다.
1+1 ajo 마늘

0047

sombrero
[솜브**레**로]

m. 모자
Tengo un sombrero de vaquero.
난 카우보이 모자를 가지고 있다.
1+1 bufanda 목도리

0048

teatro
[떼**아**뜨로]

m. (연극) 극장, 연극
Vamos al teatro con Juan.
우린 후안과 함께 극장에 간다.
1+1 cine 영화관

0049

bocadillo
[보까**디**요]

m. 샌드위치
¿Quién va a traer los bocadillos?
누가 샌드위치를 가져올 까요?
1+1 hambruguesa 햄버거

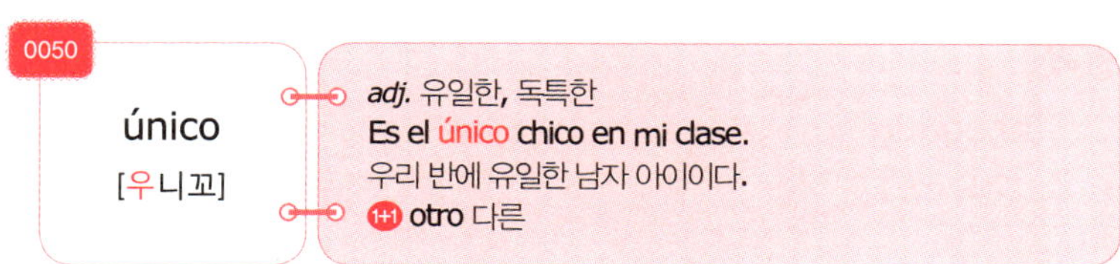

0050
único
[우니꼬]
adj. 유일한, 독특한
Es el único chico en mi clase.
우리 반에 유일한 남자 아이이다.
1+1 otro 다른

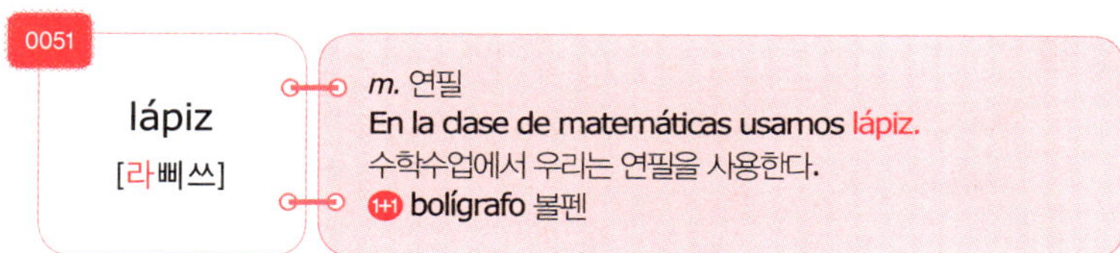

0051
lápiz
[라삐쓰]
m. 연필
En la clase de matemáticas usamos lápiz.
수학수업에서 우리는 연필을 사용한다.
1+1 bolígrafo 볼펜

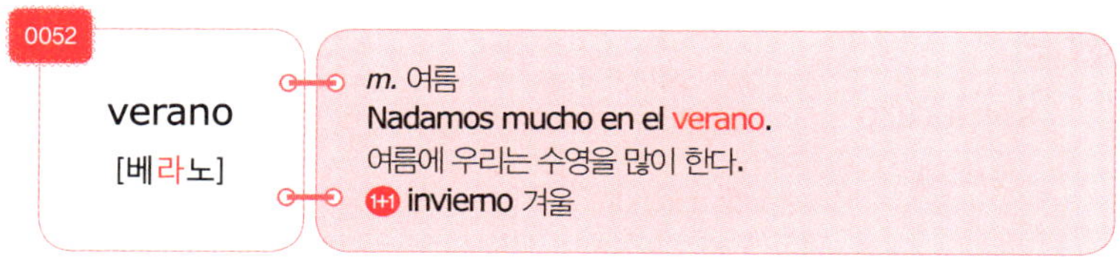

0052
verano
[베라노]
m. 여름
Nadamos mucho en el verano.
여름에 우리는 수영을 많이 한다.
1+1 invierno 겨울

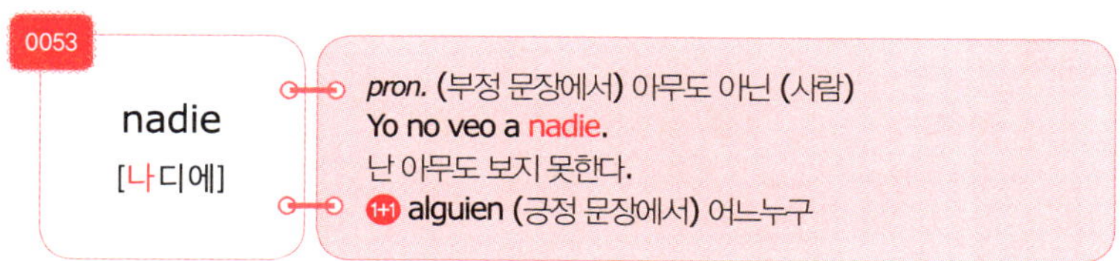

0053
nadie
[나디에]
pron. (부정 문장에서) 아무도 아닌 (사람)
Yo no veo a nadie.
난 아무도 보지 못한다.
1+1 alguien (긍정 문장에서) 어느누구

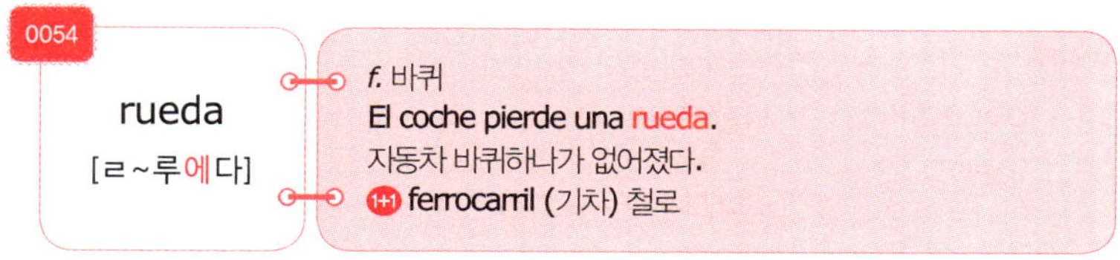

0054
rueda
[ㄹ~루에다]
f. 바퀴
El coche pierde una rueda.
자동차 바퀴하나가 없어졌다.
1+1 ferrocarril (기차) 철로

0055

septiembre
[셉띠엠브레]

m. 9월
Las clases comienzan en septiembre.
수업들은 9월에 시작한다.
1+1 marzo 3월

0056

sobrino
[소브리노]

m. (남) 조카
Mi primo es el sobrino de mi papá.
내 사촌은 우리 아빠의 조카이다.
1+1 primo (남자) 사촌

0057

uva
[우바]

f. 포도
A mi hermano le gustan las uvas.
내 남동생은 포도를 좋아한다.
1+1 vino 포도주

0058

útil
[우띨]

adj. 유용한
Es útil saber dos lenguas.
2개의 언어를 아는 것은 유용하다.
1+1 inútil 유용하지 못한

0059

trabajo
[뜨라바호]

m. 일, 과제
Usted mismo tiene que hacer el trabajo.
당신 스스로 일을 해야만 한다.
1+1 sintrabajo 무직

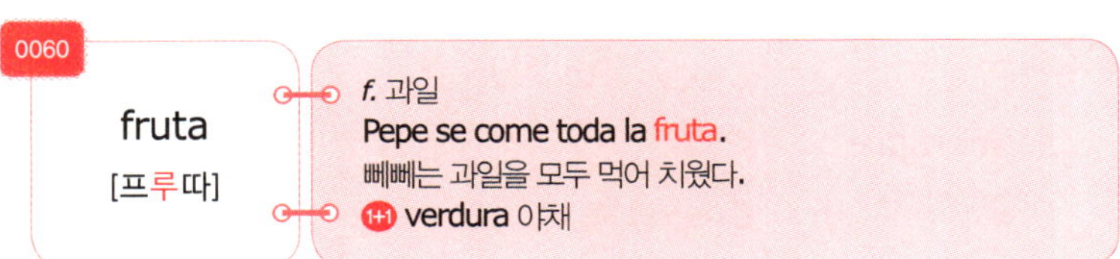

0060

fruta
[프루따]

f. 과일
Pepe se come toda la fruta.
삐삐는 과일을 모두 먹어 치웠다.
1+1 verdura 야채

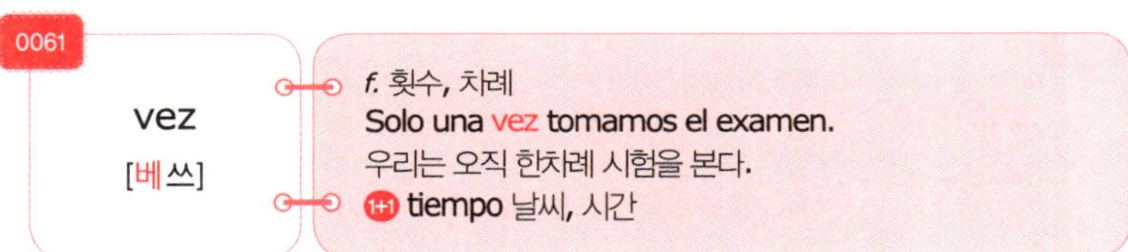

0061

vez
[베쓰]

f. 횟수, 차례
Solo una vez tomamos el examen.
우리는 오직 한차례 시험을 본다.
1+1 tiempo 날씨, 시간

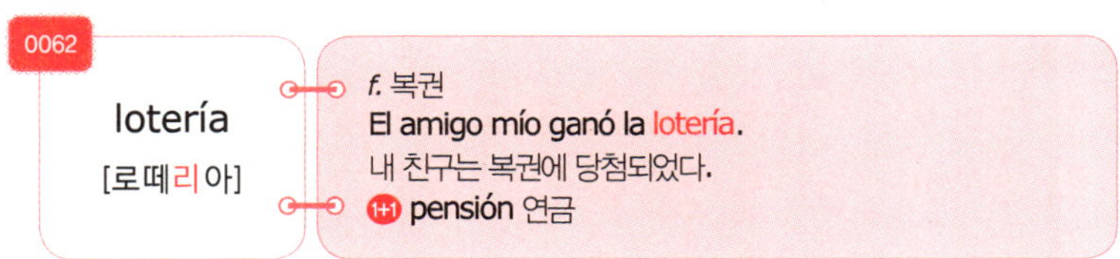

0062

lotería
[로떼리아]

f. 복권
El amigo mío ganó la lotería.
내 친구는 복권에 당첨되었다.
1+1 pensión 연금

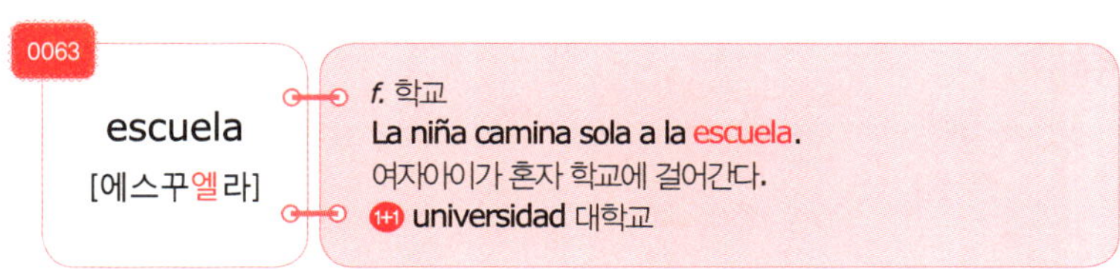

0063

escuela
[에스꾸엘라]

f. 학교
La niña camina sola a la escuela.
여자아이가 혼자 학교에 걸어간다.
1+1 universidad 대학교

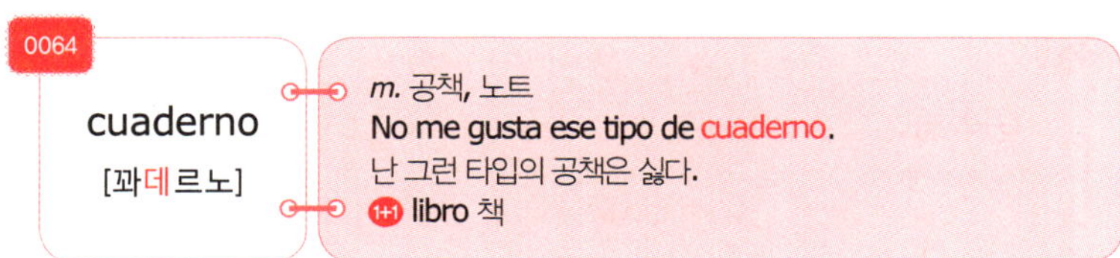

0064

cuaderno
[꽈데르노]

m. 공책, 노트
No me gusta ese tipo de cuaderno.
난 그런 타입의 공책은 싫다.
1+1 libro 책

0065

medicina
[메디씨나]

f. 약, 의학
¿A qué hora tomas la medicina?
너는 몇 시에 약을 먹니?
1+1 médico 의사

0066

árbol
[아르볼]

m. 나무
Voy a tratar de brincar del árbol.
난 나무에서 점프를 시도할 것이다.
1+1 la flor 꽃

0067

último
[울띠모]

adj. 최신의, 최근의
Esta es la última semana de vacaciones.
이번 주가 방학의 마지막 주이다.
1+1 primero 첫번째(의)

0068

vaca
[바까]

f. 소, 암소
La vaca nos da leche.
소가 우리에게 우유를 준다.
1+1 toro 투우 소

0069

fábrica
[파브리까]

f. 공장
Ellos trabajan en la fábrica.
그들은 공장에서 일을 한다.
1+1 empresa 회사

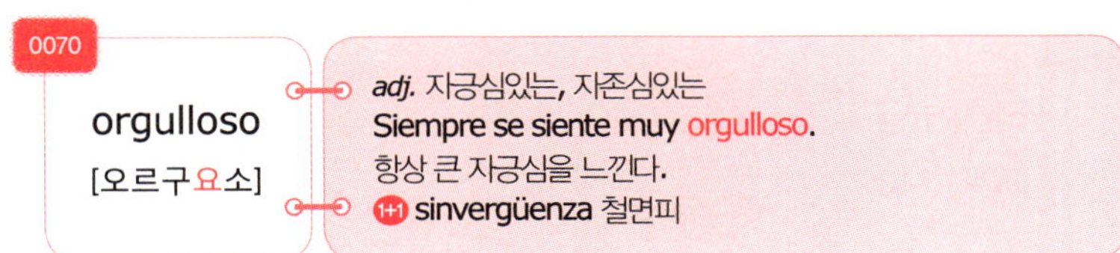

0070

orgulloso
[오르구**요**소]

adj. 자긍심있는, 자존심있는
Siempre se siente muy orgulloso.
항상 큰 자긍심을 느낀다.
1+1 sinvergüenza 철면피

0071

valiente
[발리**엔**떼]

adj. 용감한
soldado es valiente.
군인은 용감하다.
1+1 cobarde 겁많은

0072

tiza
[띠**싸**]

f. 분필
Usamos la tiza para escribir en la pizarra.
우리는 칠판에 필기하기 위해 분필을 사용한다.
1+1 pizarra 칠판

0073

escalera
[에스깔**레**라]

f. 계단
Mario subió las escaleras.
마리오는 계단을 올라갔다.
1+1 ascensor 엘리베이터

0074

dulce
[**둘**세]

adj. 달콤한, 단
Aquí no venden dulces.
여기서는 사탕을 팔지 않는다.
1+1 amargo 쓴(맛)

0075

palabra
[빨라브라]

f. 단어, 어휘
Ella se fue sin decir ni una palabra.
그녀는 한마디도 하지 않고 가버렸다.
1+1 óracion 문장

0076

habitante
[아비딴떼]

m. 거주민
Los habitantes de la ciudad viven en el apartamento.
도시의 거주민들은 아파트에서 산다.
1+1 forastero 외진

0077

hora
[오라]

f. 시간
Nos queda solo media hora para la próxima clase.
우리에게 다음시간까지 30분이 남았다.
1+1 segundo 초 (시간)

0078

pasado
[빠사도]

adj. 지난
Ya vi la película la semana pasada.
이미 지난주에 난 영화를 봤다.
1+1 adelante 앞으로

0079

juego
[후에고]

m. 놀이, 운동
Hay varios juegos en el parque.
공원에 여러 놀이들이 있다.
1+1 estudio 공부

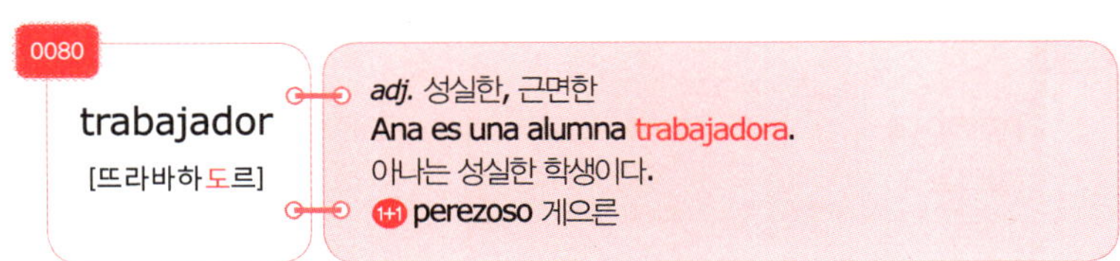

0080

trabajador
[뜨라바하**도**르]

adj. 성실한, 근면한
Ana es una alumna trabajadora.
아나는 성실한 학생이다.
1+1 perezoso 게으른

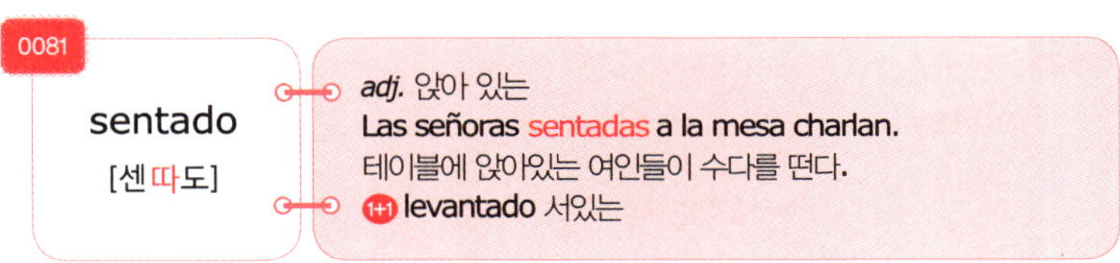

0081

sentado
[센**따**도]

adj. 앉아 있는
Las señoras sentadas a la mesa charlan.
테이블에 앉아있는 여인들이 수다를 떤다.
1+1 levantado 서있는

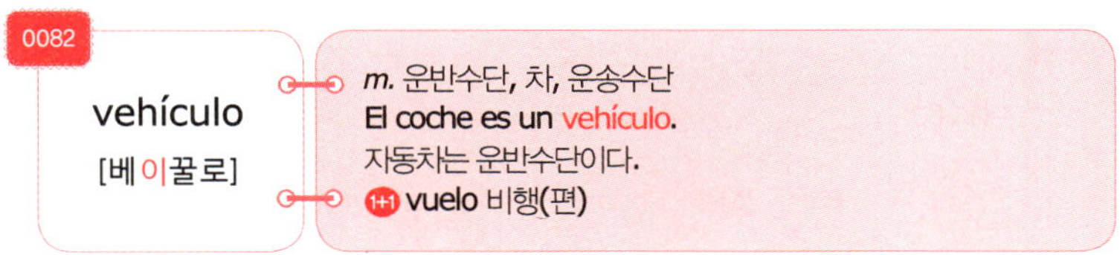

0082

vehículo
[베**이**꿀로]

m. 운반수단, 차, 운송수단
El coche es un vehículo.
자동차는 운반수단이다.
1+1 vuelo 비행(편)

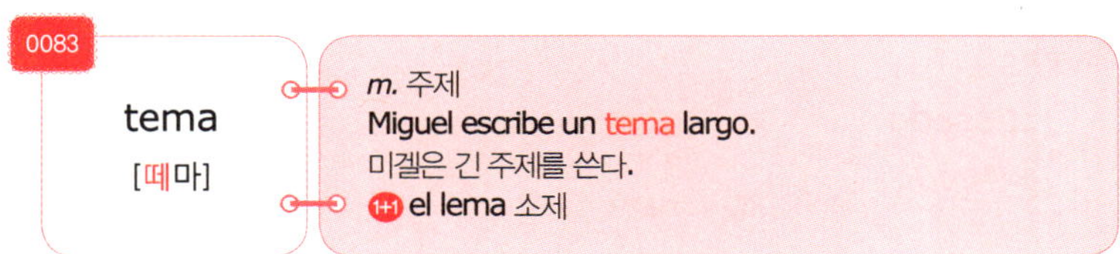

0083

tema
[**떼**마]

m. 주제
Miguel escribe un tema largo.
미겔은 긴 주제를 쓴다.
1+1 el lema 소제

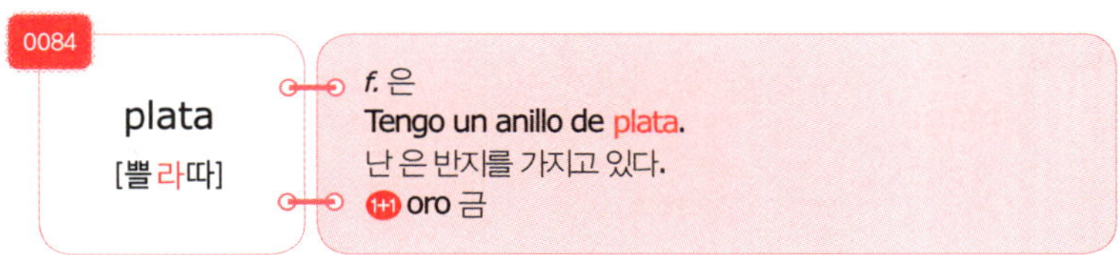

0084

plata
[쁠**라**따]

f. 은
Tengo un anillo de plata.
난 은 반지를 가지고 있다.
1+1 oro 금

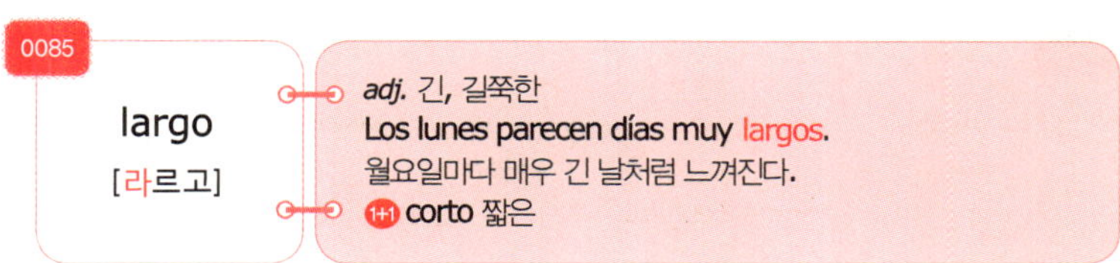

0085

largo
[라르고]

adj. 긴, 길쭉한
Los lunes parecen días muy largos.
월요일마다 매우 긴 날처럼 느껴진다.
1+1 corto 짧은

0086

alto
[알또]

adj. (키) 큰, 높은
Mi hermano es más alto que mi hermana.
내 형은 내 누나보다 더 (키가) 크다.
1+1 bajo (키) 작은

0087

edificio
[에디피씨오]

m. 건물
Este edificio es el más alto de la ciudad.
이 건물은 도시에서 가장 높다.
1+1 el rascacielos 고층 빌딩

0088

mayor
[마요르]

adj. 더 큰, 더 나이 많은
Mis hermanos son mayores que mis primos.
마의 형제들은 나의 사촌들보다 나이가 더 나이가 많다.
1+1 menor 더 나이 적은

0089

acuario
[아꾸아리오]

m. 아쿠라리움, 수족관
El pez está en el acuario.
아쿠아리움에 물고기가 있다.
1+1 zoo 동물원

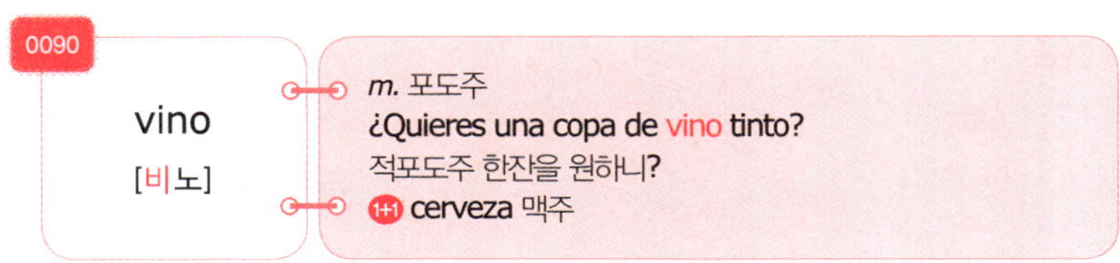

0090

vino
[비 노]

m. 포도주
¿Quieres una copa de vino tinto?
적포도주 한잔을 원하니?
1+1 cerveza 맥주

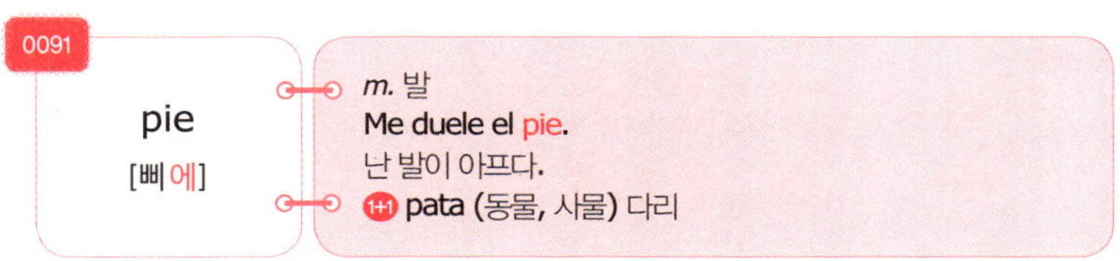

0091

pie
[삐 에]

m. 발
Me duele el pie.
난 발이 아프다.
1+1 pata (동물, 사물) 다리

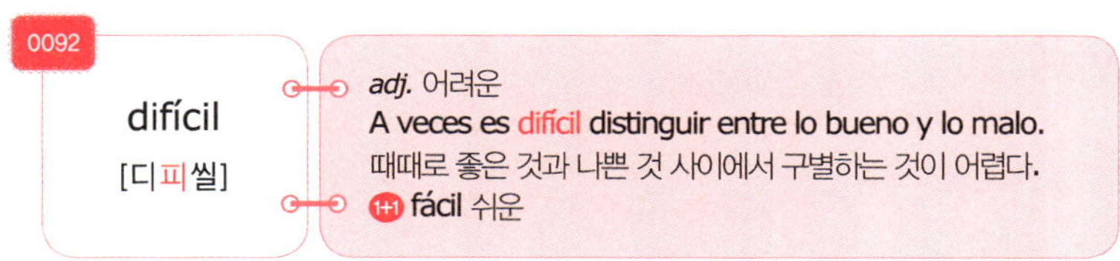

0092

difícil
[디 피 씰]

adj. 어려운
A veces es difícil distinguir entre lo bueno y lo malo.
때때로 좋은 것과 나쁜 것 사이에서 구별하는 것이 어렵다.
1+1 fácil 쉬운

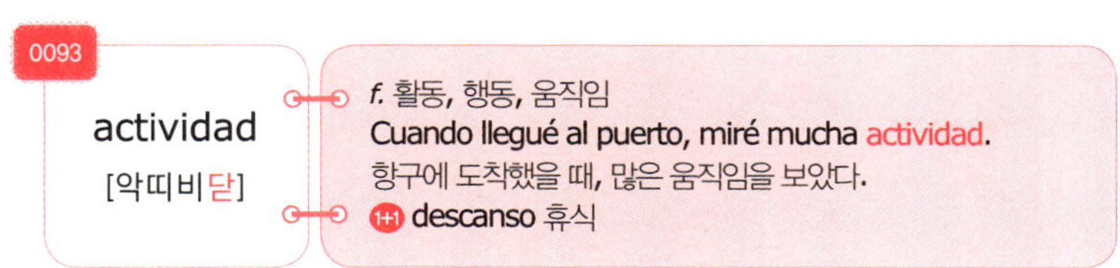

0093

actividad
[악띠비 닫]

f. 활동, 행동, 움직임
Cuando llegué al puerto, miré mucha actividad.
항구에 도착했을 때, 많은 움직임을 보았다.
1+1 descanso 휴식

0094

paraguas
[빠라구아스]

m. 우산
Mi paraguas rojo me protegió de la lluvia.
나의 빨간 우산은 비로부터 나를 보호해주었다.
1+1 impermeable 우비

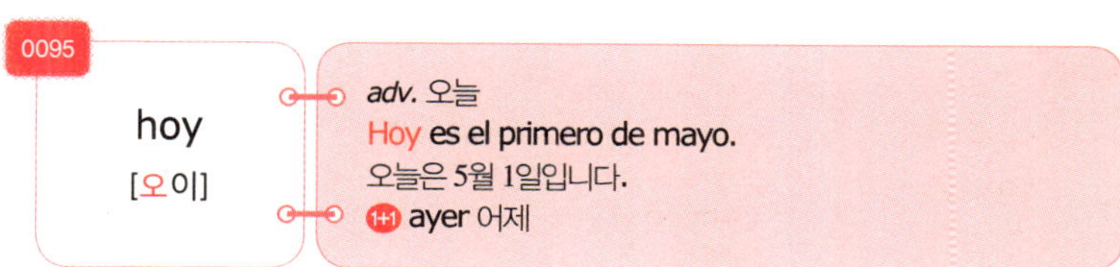

0095

hoy
[오이]

adv. 오늘
Hoy es el primero de mayo.
오늘은 5월 1일입니다.
1+1 ayer 어제

0096

patio
[빠띠오]

m. 마당, 뜰
Hay muchas piedras en el patio de recreo.
놀이 마당에 돌이 많이 있다.
1+1 plaza 광장

0097

camisa
[까미사]

f. 와이셔츠
Mi esposa plancha las camisas.
내 집사람이 와이셔츠를 다린다.
1+1 blusa 블라우스

0098

vapor
[바뽀르]

m. 스팀
Es una plancha de vapor.
스팀다리미이다.
1+1 agua potable 식수

0099

pescado
[뻬스까도]

m. 생선
Hay pescado para la cena.
저녁식사 용으로 생선이 있다.
1+1 la carne 고기

0100

pierna
[삐 에르나]

f. (사람의) 다리
Él tiene una pierna quebrada.
그는 다리가 부러졌다.
1+1 brazo 팔

0101

leyenda
[레 옌다]

f. 전설, 설화
Las mil y una noches cuenta unas leyendas árabes.
1001 야화는 아랍의 전설을 이야기 해준다.
1+1 cuento 이야기

0102

suerte
[수 에르떼]

f. 운, 행운
El pobre Sancho tuvo muy mala suerte aquel día.
불쌍한 산초는 그날 매우 불행했다.
1+1 mala suerte 불운, 불행

0103

triste
[뜨 리스떼]

adj. 슬픈
Al ver a su antiguo novio, se sintió triste.
그의 오래된 남자친구를 보았을 때, 슬픔을 느꼈다.
1+1 feliz 기쁜

0104

imperio
[임 뻬리오]

m. 제국
España tuvo un imperio muy grande.
스페인은 매우 큰 제국이었다.
1+1 país 나라

0105 agradable
[아그라다블레]

adj. 즐거운, 유쾌한
Escuchar la música es muy agradable.
음악을 듣는 것은 매우 행복하다.
(1+1) cansado 지친

0106 desconocido
[데스꼬노씨도]

adj. 알지 못하는, 유명하지 않은 *m.* 낯선 사람, 사물
No permito que ningún desconocido me toque.
난 어떤 낯선 사람이 날 건드리는 것을 허용하지 않는다.
(1+1) famoso 유명한

0107 playa
[쁠라야]

f. 해변, 바닷가
Es un placer ir a la playa.
해변에 가는 것은 즐거움이다.
(1+1) montaña 산

0108 confianza
[꼰피안싸]

f. 신념, 믿음
Para salir bien, hay que tener confianza.
성적이 잘나오기 나오기 위해서는 신념을 가져야 한다.
(1+1) la fe 신념

0109 basura
[바수라]

f. 쓰레기
No botar basura.
쓰레기를 버리지 마시오.
(1+1) tesoro 보물

0110

pariente
[빠리엔떼]

m.f. 친척, 친지
Anoche supe que mis parientes llegarían hoy.
어제 밤 나의 부모님은 오늘 도착하실 것으로 알았다.
1+1 familia 가족

0111

cuarto
[꽈르또]

m. 방, 15분, 4번째
De repente mi mejor amigo entró en el cuarto.
갑자기 내 친한 친구가 방에 들어왔다.
1+1 baño 화장실

0112

instituto
[인스띠뚜또]

f. 학원, 학교
Todos los día mi padre me llevaba al instituto.
매일 나의 아버지는 나를 학원에 데려다 주셨다.
1+1 bachillerato 고등학교

0113

radio
[ㄹ~라디오]

f. 라디오(수신기)
Escuchaba la radio mientras estudiaba para el examen.
난 시험을 위해 공부하면서 라디오를 듣고 있었다.
1+1 televisor 텔레비전

0114

retrasado
[ㄹ~레뜨라사도]

adj. 연착된, 늦은
El tren andaba muy retrasado.
기차는 매우 연착되어 달린다.
1+1 temprano 이른, 일찍

0115

capital
[까삐딸]

f. 수도, 중심도시. *m.* 자본, 자금
Hace tres años que vivo en la capital de Japón.
난 3년 동안 일본의 수도에서 살아 왔다.
1+1 isla 섬

0116

posible
[뽀시블레]

adj. 가능한, 할 수 있는
Es posible que salga bien en el examen.
시험에서 성적이 잘 나오는 것은 가능하다.
1+1 imposible 불가능한

0117

fiesta
[피에스따]

f. 축제, 파티
Diles que vengan a la fiesta.
그들에게 축제에 오라고 말해라.
1+1 funeral 장례식

0118

tarde
[따르데]

f. 오후. *adj.* 늦는
No dudo que va a llover esta tarde.
난 오늘 오후에 비가 올 것이라 의심하지 않는다.
1+1 la mañana 오전

0119

demasiado
[데마시아도]

adj. 너무한, 지나친, 과도한. *adv.* 너무나도, 지나치게
Por mucho que sepa, nunca sabrá demasiado.
아무리 많이 알지라도, 결코 더 알지는 못할 것이다.
1+1 un poco 조금

0120

pronto
[쁘**론**또]

adj. 빠른, 조급한. *adv.* 재빨리, 날렵하게
Te llamaré tan **pronto** como llegue.
네게 도착하자마자 연락할게.
1+1 lento 느린

0121

dinero
[디**네**로]

m. 돈
Si tengo el **dinero**, voy a Argentina.
만약 돈이 있다면 아르헨티나에 갈 것이다.
1+1 moneda 동전, 통화

0122

Aunque
[**아**운께]

conj. ~이기는 하지만, ~일지라도
Aunque llueva mañana, iré al parque.
비록 내일 비가와도, 난 공원에 갈 것이다.
1+1 como si 마치 ~처럼

0123

campeonato
[깜뻬오**나**또]

m. 선수권, 패권
¡Ojalá que ganemos el **campeonato**!
우리가 챔피언을 획득하다니!
1+1 vencido 패배자

0124

chaqueta
[차**께**따]

f. 자켓, 잠바
¿Debemos ponernos las **chaquetas**?
우리는 자켓을 입어야 하나요?
1+1 chaleco 조끼

0125

verdad
[베르**닫**]

f. 진실, 진리, 사실
¡Digan Uds. la verdad!
당신들은 진질을 말씀하시죠!
1+1 falsedad 거짓

0123

restaurante
[르~레스따우**란**떼]

m. 식당, 음식점
No fumen en el restaurante.
식당에서는 담배를 피우지 못하십니다.
1+1 comedor (자체 운영) 식당

0127

pequeño
[뻬**께**뇨]

adj. 작은
El coche es pequeño.
자동차는 작다.
1+1 grande 큰

0128

escrito
[에스끄**리**또]

adj. 써진, 쓴(escribir의 과거분사)
El cuento fue escrito por el profesor.
이야기는 선생님에 의해서 쓰여졌다.
1+1 vacío 비어있는

0129

montaña
[몬**따**냐]

f. 산
Se ve la montaña a lo lejos.
멀리에 산이 보인다.
1+1 mar 바다

0130

muñeca
[무녜까]

f. 인형, 손목
La muñeca tiene el pelo negro.
인형은 검은색 머리를 가졌다.
1+1 **tobillo** 발목

0131

guerra
[게ㄹ~라]

f. 전쟁
Vivía en Corea cuando empezó la guerra.
전쟁이 시작할 때, 한국에 살았었다.
1+1 **paz** 평화

0132

pedazo
[뻬 다쏘]

m. 조각, 토막
¿Quieres un pedazo de sandía?
너는 수박 한 조각 원하니?
1+1 **bulto** 부피가 큰 것

0133

enfermo
[엔페르모]

adj. 아픈
Estoy muy enferma hoy.
난 오늘 매우 아프다.
1+1 **sano** 건강한

0134

noticia
[노띠씨아]

f. 소식
Les diremos las noticias cuando lleguen esta noche.
그들이 오늘 밤에 도착할 때, 그들에게 소식을 전해줄 것이다.
1+1 **telenoticias** (텔레비전) 뉴스

0135

pájaro
[빠하로]

m. 새
Los pájaros cantaba en los árboles.
새들은 나무에서 지저귄다.
1+1 el pez 물고기

0136

accidente
[악씨덴떼]

m. 사고, 사건
Juan sufrió un accidente terrible.
후안은 끔찍한 사고로 고통 받았다.
1+1 incidente 화재

0137

pera
[뻬라]

f. (과일) 배
La pera es mi fruta favorita.
배는 내가 가장 좋아하는 과일이다.
1+1 manzana (과일) 사과

0138

universidad
[우니베르시닫]

f. 대학교
Prefiero asistir a la universidad nacional de Seúl.
난 서울대학교에 다니기를 선호한다.
1+1 escuela de posgrado 대학원

0139

medianoche
[메디아노체]

f. 자정, 밤 12시
El muchacho entró a medianoche sin que sus padres lo oyeran.
아이는 그의 부모님이 알아차리지 못하게 자정에 들어갔다.
1+1 mediodía 정오

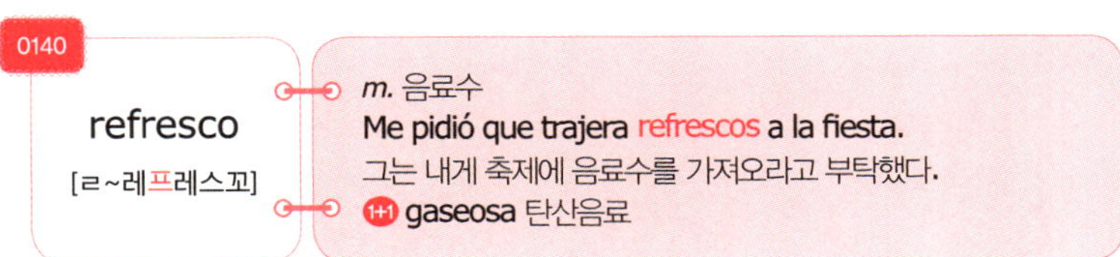

0140

refresco
[ㄹ~레프레스꼬]

m. 음료수
Me pidió que trajera refrescos a la fiesta.
그는 내게 축제에 음료수를 가져오라고 부탁했다.
1+1 gaseosa 탄산음료

0141

todo
[또도]

adj. 모든, 온갖
No hay sabio que sepa todo.
모든 것을 아는 현자는 없다.
1+1 nada 어떤것도 아닌

0142

patín
[빠띤]

m. 스케이트
José tiene patines nuevos.
호세는 새 스케이트를 가지고 있다.
1+1 esquí 스키

0143

Cuandoquiera
[꽌도끼에라]

adv. 언제든지
Cuandoquiera que quieras ven aquí.
네가 원할 때는 언제라도, 여기에 와라.
1+1 dondequiera 어디든지

0144

ruidoso
[ㄹ~루이도소]

adj. 시끄러운
La pareja se quejaba ruidosa y amargamente.
그 커플은 시끄럽고, 지독하게 화를 냈었다.
1+1 silencioso 조용한

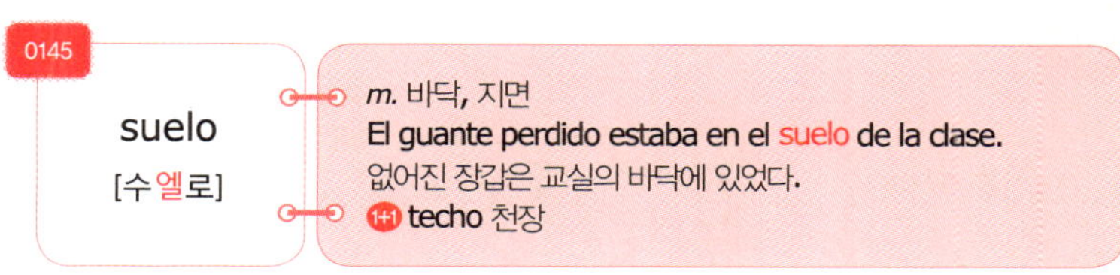

0145

suelo
[수엘로]

m. 바닥, 지면
El guante perdido estaba en el suelo de la clase.
없어진 장갑은 교실의 바닥에 있었다.
1+1 techo 천장

0146

atrás
[아뜨라스]

adv. 뒤쪽으로
Atrás en el autobús, los niños dormían.
버스의 뒤쪽에 아이들은 자고 있었다.
1+1 adelante 앞쪽으로

0147

silla
[시야]

f. 의자
Puso los zapatos debajo de la silla.
의자의 아래에 신발을 났다.
1+1 estante de libro 책장

0148

pata
[빠따]

f. (사물, 동물) 다리
El león tiene cuatro patas.
사자는 다리가 4개이다.
1+1 cuerpo 몸

0149

zorro
[쏘ㄹ~로]

m. 여우
El zorro corría alrededor de la gallinero.
여우는 닭장 주위를 맴 돌았다.
1+1 lobo 늑대

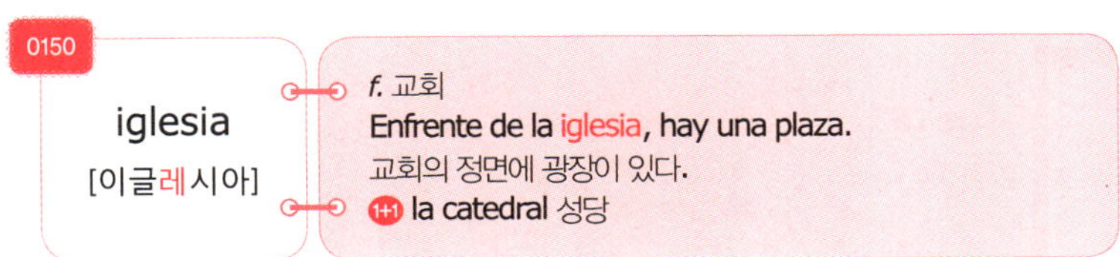

0150

iglesia
[이글레시아]

f. 교회
Enfrente de la iglesia, hay una plaza.
교회의 정면에 광장이 있다.
1+1 la catedral 성당

0151

aun
[아운]

adv. 또한, ~까지도
Aun hoy en día los acueductos romanos llevan agua.
오늘날까지도 로마의 수로는 물을 운반한다.
1+1 aún 아직까지

0152

carne
[까르네]

f. 고기, 육류
¿Cómo prefieres la carne de res?
소고기를 얼마나 선호하니?
1+1 ensalada 샐러드

0153

apenas
[아뻬나스]

adv. 거의, ~하지 않는
Apenas entramos en la casa cuando empezó a nevar.
눈이 오기 시작할 때, 우리는 집에 거의 들어갔다.
1+1 siempre 항상

0154

joven
[호벤]

adj. 젊은. **m.f.** 젊은이
Este chico es muy joven para conducir.
이 아이는 운전하기에는 매우 어리다.
1+1 viejo 늙은

0155

calma
[깔마]

f. 고요함, 진정, 무풍
Ella les hablaba con calma.
그녀는 그들에게 침착하게 말을 했었다.
1+1 ruido 소음

0156

paseo
[빠세오]

m. 산보, 산책
Ellos dan un paseo.
그들은 산책을 한다.
1+1 corrida 달리기

0157

fin
[핀]

m. 끝, 결말, 종말
Lo hizo a fin de que pudiera venir.
(그는) 돌아올 수 있기 위해, 그것을 했다.
1+1 comienzo 시작

0158

torta
[또르따]

f. 케이크, 파이
Todavía recuerdo las tortas que preparaba mi mamá.
아직까지 우리 엄마가 준비해주셨던 케이크들을 기억한다.
1+1 pan 빵

0159

caballo
[까바요]

m. 말(馬)
Los caballos comenzaron a correr.
말들은 달리기 시작했다.
1+1 camello 낙타

0160

piso
[삐 소]

m. 층, 아파트
Estoy en el quinto piso, y mi amigo trabaja abajo.
난 5층에 있고, 내 친구는 아래에서 일을 한다.
1+1 apartamento 아파트

0161

jardín
[하르딘]

m. 정원
Esa casa tiene un jardín elegante.
그 집은 멋진 정원이 있다.
1+1 balcón 발코니

0162

regalo
[르~레갈로]

m. 선물
Voy a darles un regalo cuando vengan.
난 그들이 올 때, 선물을 줄 것이다.
1+1 impuesto 세금

0163

cabeza
[까베 싸]

f. 머리
Me duele la cabeza esta mañana.
오늘 아침에 머리가 아프다.
1+1 cuello 목

0164

brillante
[브리얀떼]

adj. 빛나는, 눈부신
Se me ocurrió una idea brillante.
내게 멋진 생각이 떠올랐다.
1+1 mate 무광

0165

cara
[까라]

f. 얼굴
La niñera le lavó la cara al niño.
유모는 아이의 얼굴을 닦였다.
1+1 mascara 가면

0166

cuyo
[꾸요]

pron. 그것의
El hombre, cuya hermana está aquí, es chileno.
남자는 칠레사람인데, 그의 여동생이 여기 있다.
1+1 cuánto 얼마나 (많은)

0167

abrigo
[아브리고]

m. 외투
¿De quién es este abrigo?
이 외투는 누구의 것이지?
1+1 ropa interior 속옷

0168

boleto
[볼레또]

m. 표, 입장권
Quiero boletos para diez pasajeros.
난 10명 승객의 표를 원한다.
1+1 billete 표, 지폐

0169

ropa
[르~로빠]

m. 옷
¿Cuál de estas ropas prefieres?
이 옷 중에 어떤 것을 더 선호하니?
1+1 falda 치마

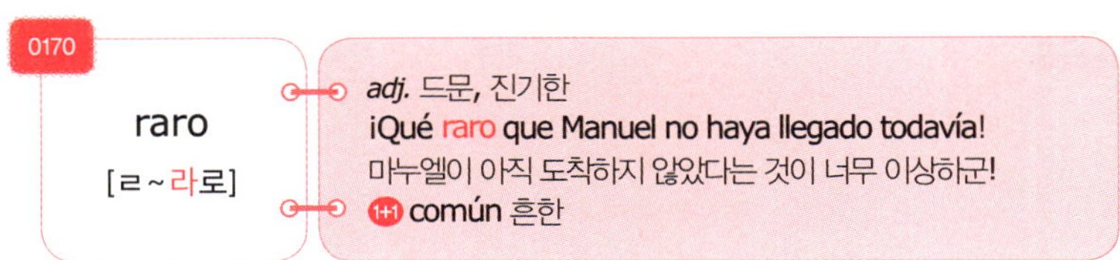

0170

raro
[ㄹ~**라**로]

adj. 드문, 진기한
¡Qué raro que Manuel no haya llegado todavía!
마누엘이 아직 도착하지 않았다는 것이 너무 이상하군!
1+1 común 흔한

0171

taller
[따**예**르]

m. 정비소
Tengo que llevar el coche al taller.
난 정비소에 차를 가지고 가야만 한다.
1+1 estacionamiento 주차장

0172

apunte
[아**뿐**떼]

m. 필기, 데생
En la clase es necesario tomar apuntes.
수업에서 필기하는 것은 필요하다.
1+1 recado 메모, 메시지

0173

par
[**빠**르]

m. 짝, 한 쌍
Necesito un par de zapatos blancos.
난 흰 구두 한 켤레가 필요하다.
1+1 pareja (사람의) 한쌍

0174

grande
[그**란**데]

adj. 큰, 위대한
Esa camisa parece demasiado grande.
그 셔츠는 너무도 큰 것 같다.
1+1 pobre 초라한

0175 tráfico
[뜨라피꼬]

m. 교통(량)
No quiero parar el tráfico.
난 교통을 멈추게 하고 싶지 않다.
1+1 hora tope 러시아워

0176 puente
[뿌엔떼]

m. 교각, 다리
El policía prohibió a los niños cruzar el puente.
경찰은 아이들이 다리를 건너는 것을 금지했다.
1+1 la fuente 분수

0177 horizonte
[오리쏜떼]

m. 수평선
¿Ves aquello en el horizonte?
넌 수평선에 있는 저것이 보이니?
1+1 Tierra 지구

0178 sorpresa
[소르쁘레사]

f. 경이, 놀라움
Hoy tuvimos una gran sorpresa.
오늘 우리는 매우 놀라고 있다.
1+1 general 일반적

0179 carta
[까르따]

f. 편지
Esta carta es para ti.
이 편지는 네 것이다.
1+1 sello 우표, 인장

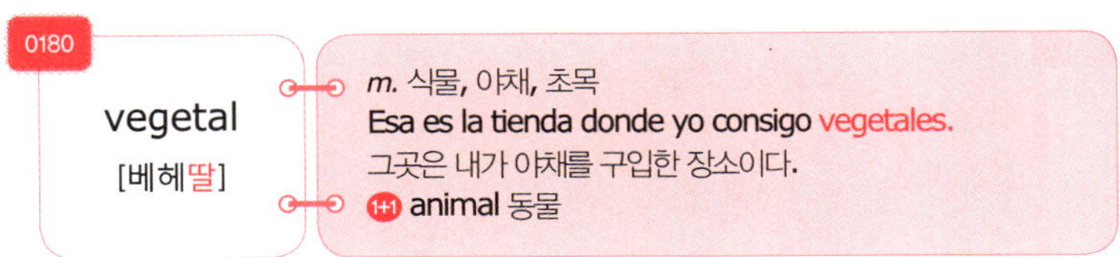

0180 vegetal [베헤**딸**]

m. 식물, 야채, 초목
Esa es la tienda donde yo consigo vegetales.
그곳은 내가 야채를 구입한 장소이다.
1+1 animal 동물

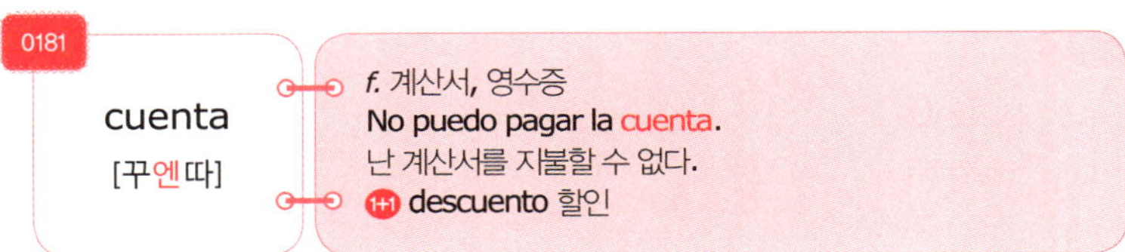

0181 cuenta [꾸**엔**따]

f. 계산서, 영수증
No puedo pagar la cuenta.
난 계산서를 지불할 수 없다.
1+1 descuento 할인

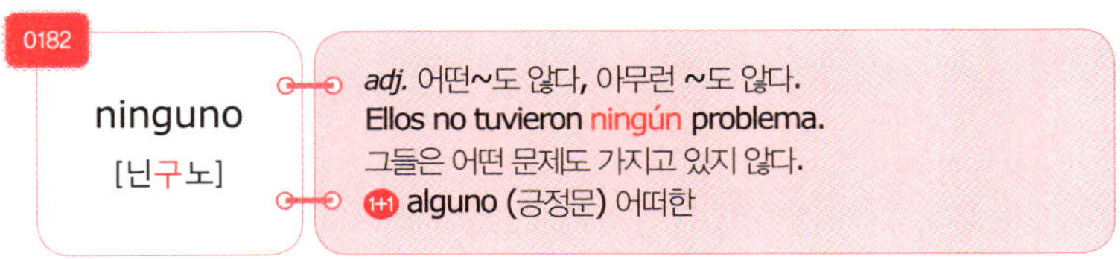

0182 ninguno [닌**구**노]

adj. 어떤~도 않다, 아무런 ~도 않다.
Ellos no tuvieron ningún problema.
그들은 어떤 문제도 가지고 있지 않다.
1+1 alguno (긍정문) 어떠한

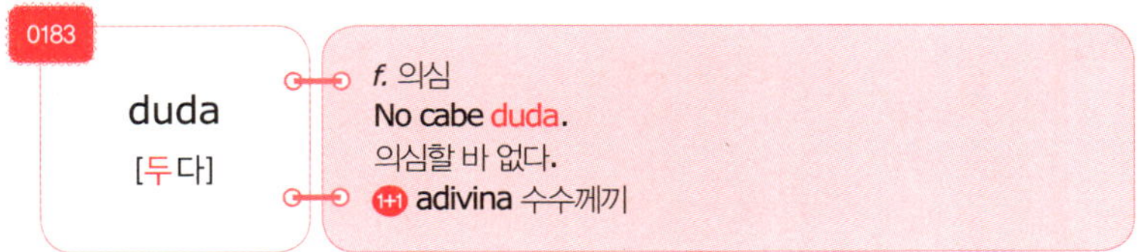

0183 duda [**두**다]

f. 의심
No cabe duda.
의심할 바 없다.
1+1 adivina 수수께끼

0184 página [**빠**히나]

f. 페이지, 장
Miren la página veinte.
20페이지를 보세요.
1+1 capítulo (문서의) 장

0185

culpable
[꿀**빠**블레]

adj. 잘못 있는, 죄 있는
María es culpable.
마리아가 잘못이다.
1+1 inocente 결백한

0186

nido
[**니**도]

m. 둥지
El pájaro tiene un nido en el árbol.
새는 나무에 둥지를 가지고 있다.
1+1 jaula (동물의) 우리

0187

estación
[에스따씨**온**]

f. (기차, 전철) 역, 계절
El metro tardó mucho en llegar a la estación.
전철은 역에 도착하는데 많은 시간이 걸렸다.
1+1 metro 전철

0188

capítulo
[까**빠**뚤로]

m. (문서, 책의) 장
El profesor mandó leer dos capítulos para mañana.
선생님은 내일까지 두 단원을 읽도록 시켰다.
1+1 título 제목

0189

pista
[**삐**스따]

f. 경주로, 발자취
Al correr por la pista de carreras.
경주로에서 달릴 때다.
1+1 autopista 고속도로

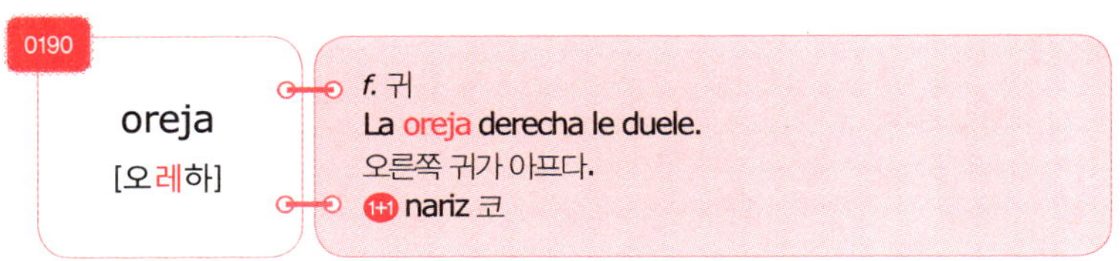

0190

oreja

[오레하]

f. 귀
La oreja derecha le duele.
오른쪽 귀가 아프다.
1+1 nariz 코

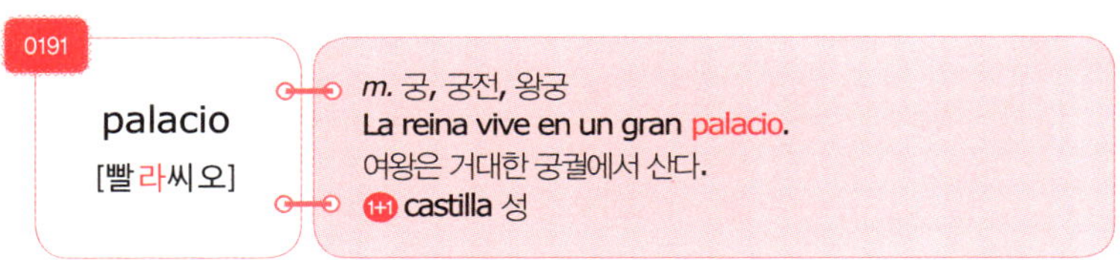

0191

palacio

[빨라씨오]

m. 궁, 궁전, 왕궁
La reina vive en un gran palacio.
여왕은 거대한 궁궐에서 산다.
1+1 castilla 성

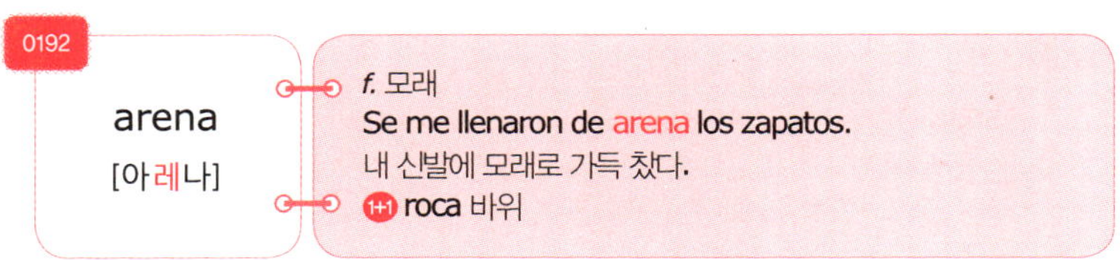

0192

arena

[아레나]

f. 모래
Se me llenaron de arena los zapatos.
내 신발에 모래로 가득 찼다.
1+1 roca 바위

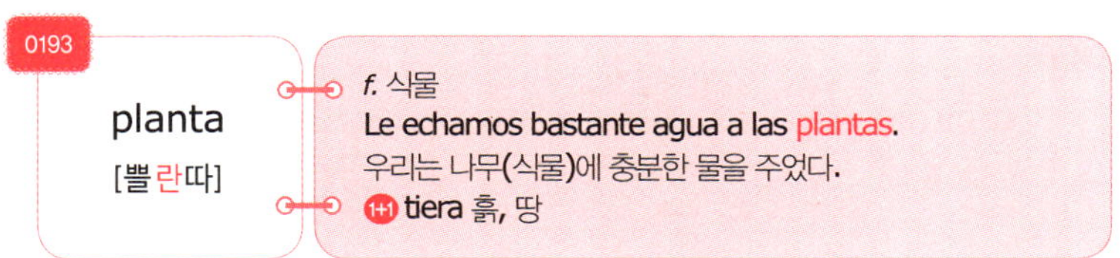

0193

planta

[쁠란따]

f. 식물
Le echamos bastante agua a las plantas.
우리는 나무(식물)에 충분한 물을 주었다.
1+1 tiera 흙, 땅

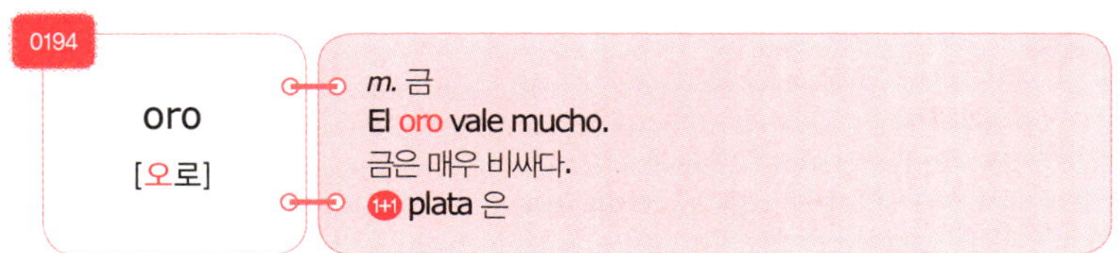

0194

oro

[오로]

m. 금
El oro vale mucho.
금은 매우 비싸다.
1+1 plata 은

0195

corte
[꼬르떼]

f. 법원, 궁정. *m.* 날, 절단
Eric fue a la corte para hablar con el abogado.
에릭은 변호사와 이야기하기 위해 법원에 갔다.
1+1 prisión 감옥

0196

calle
[까예]

f. 길, 도로
Mientras caminaba por la calle, mi abuela se cayó
dos veces.
길에서 걷고 있는 동안, 나의 할머니는 두 번이나 넘어지셨다.
1+1 carretera 자동차 도로

0197

correo
[꼬ㄹ~레오]

m. 우편, 우편물
Estas noticias deben ir por correo electrónico.
이 소식은 이메일을 통해 가야 한다.
1+1 paquete 소포

0198

sucio
[수씨오]

adj. 더러운, 불견한
¡Qué manos tan sucias!
손이 너무 더럽다!
1+1 limpio 깨끗한

0199

anteayer
[안떼아예르]

adv. 그저께
Anteayer corrí demasiado. Me duelen las piernas.
그저께 너무 달렸다. 난 다리가 아프다.
1+1 pasado mañana 모레

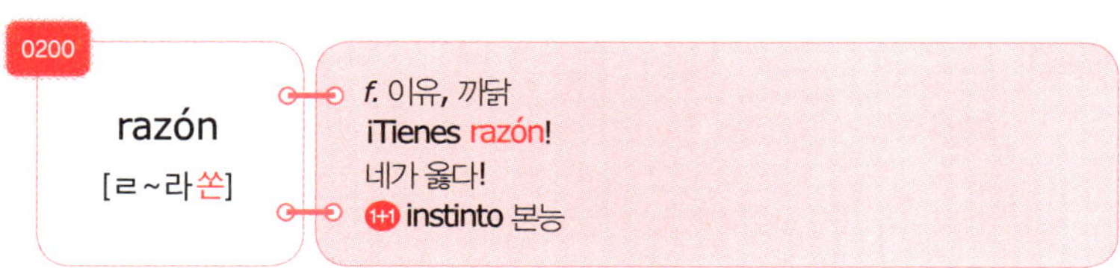

0200 razón
[르~라**쏜**]

f. 이유, 까닭
¡Tienes razón!
네가 옳다!
1+1 instinto 본능

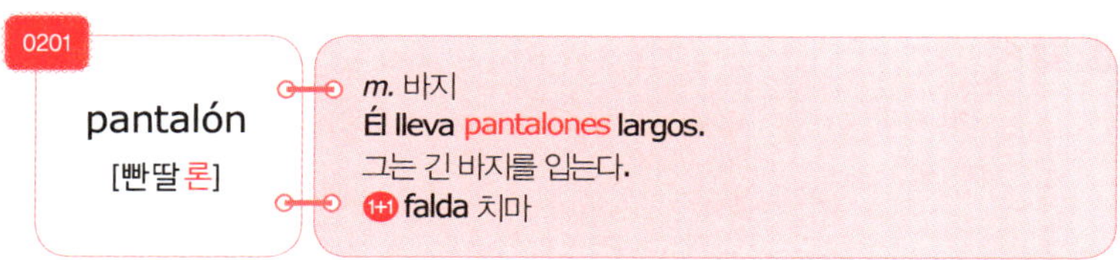

0201 pantalón
[빤딸**론**]

m. 바지
Él lleva pantalones largos.
그는 긴 바지를 입는다.
1+1 falda 치마

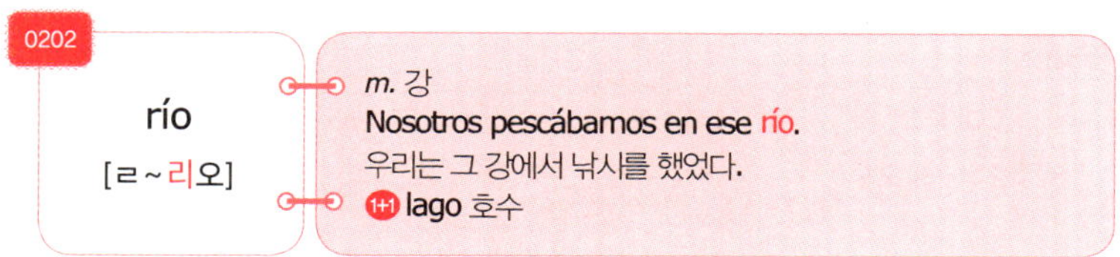

0202 río
[르~**리**오]

m. 강
Nosotros pescábamos en ese río.
우리는 그 강에서 낚시를 했었다.
1+1 lago 호수

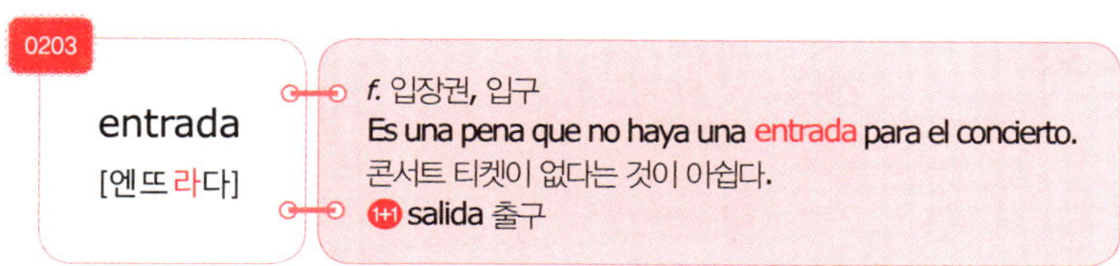

0203 entrada
[엔뜨**라**다]

f. 입장권, 입구
Es una pena que no haya una entrada para el concierto.
콘서트 티켓이 없다는 것이 아쉽다.
1+1 salida 출구

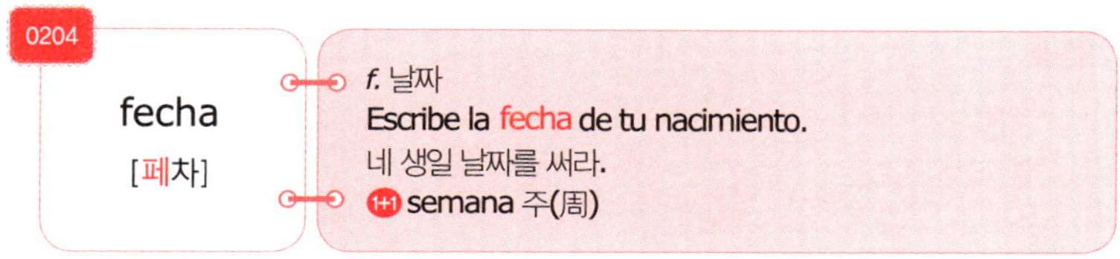

0204 fecha
[**페**차]

f. 날짜
Escribe la fecha de tu nacimiento.
네 생일 날짜를 써라.
1+1 semana 주(周)

0205

buque
[부께]

m. (큰) 배, 선박
El **buque** viaja en el océano.
그 배는 대양을 여행한다.
1+1 barco 배

0206

estrella
[에스뜨레야]

f. 별
Las **estrellas** brillan en el cielo.
하늘에 별들이 반짝인다.
1+1 Luna 달

0207

panadero
[빠나데로]

m. 제빵사
El **panadero** hace el pan.
제빵사는 빵을 만든다.
1+1 panadería 제과점

0208

compañero
[꼼빠녜로]

m. 동반자, 동료
Es importante no criticar tanto a los **compañeros**.
동료들을 그렇게 비평하지 않는 것이 중요하다.
1+1 gerente 매니저

0209

honesto
[오네스또]

adj. 정직한, 올바른
El candidato **honesto** no recibió muchos votos
en la elección.
정직한 후보자는 선거에서 많은 표를 받지 못했다.
1+1 pecado 죄 많은

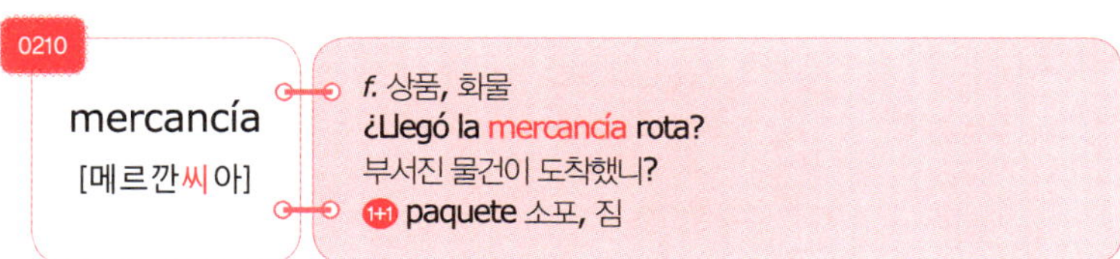

0210

mercancía
[메르깐씨아]

f. 상품, 화물
¿Llegó la mercancía rota?
부서진 물건이 도착했니?
1+1 paquete 소포, 짐

0211

pieza
[삐에싸]

f. 부속, 조각
Me hacen falta piezas.
난 부속품들이 필요하다.
1+1 pedazo 조각, 토막, 부스러기

0212

extraño
[엑쓰라뇨]

adj. 이상한, 외지의, 외국의
Yo oigo un ruido extraño.
내게 이상한 소리가 들린다.
1+1 natal 태어난, 토박이인

0213

mentiroso
[멘띠로소]

adj. 거짓말의, 잘못의
Ella no es mentirosa.
그녀는 거짓말쟁이가 아니다.
1+1 verdadero 맞는, 참의

0214

moderno
[모데르노]

adj. 현대의, 근대의
Me gusta mucho la música moderna.
난 현대 음악을 매우 좋아한다.
1+1 antiguo 과거의, 구식의

0215

bicicleta
[비씨끌레따]

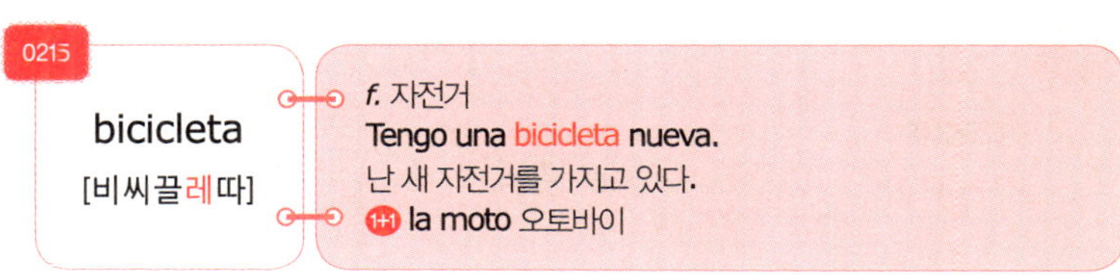

f. 자전거
Tengo una bicicleta nueva.
난 새 자전거를 가지고 있다.
1+1 la moto 오토바이

0216

edad
[에닫]

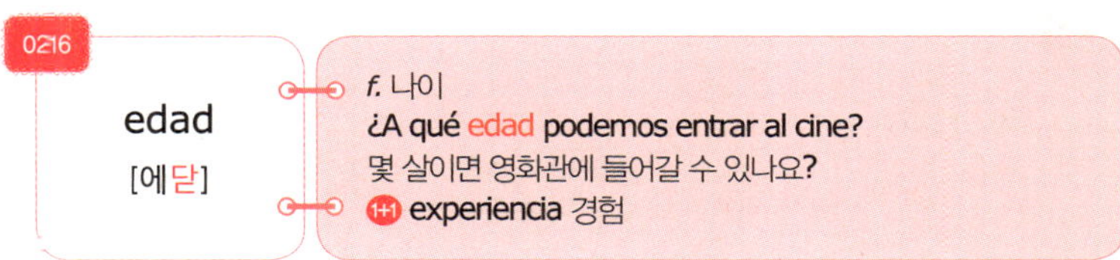

f. 나이
¿A qué edad podemos entrar al cine?
몇 살이면 영화관에 들어갈 수 있나요?
1+1 experiencia 경험

0217

luna
[루나]

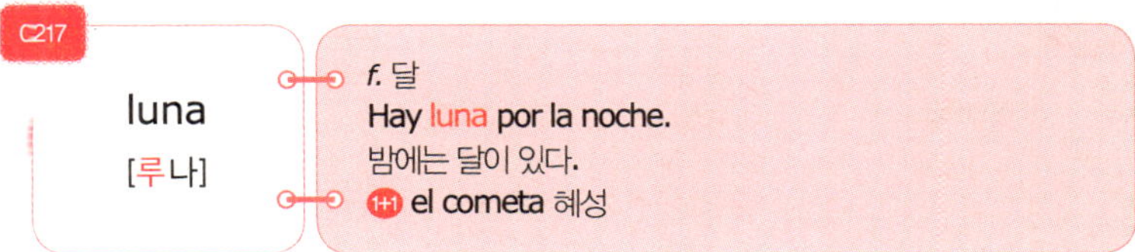

f. 달
Hay luna por la noche.
밤에는 달이 있다.
1+1 el cometa 혜성

0218

esquina
[에스끼나]

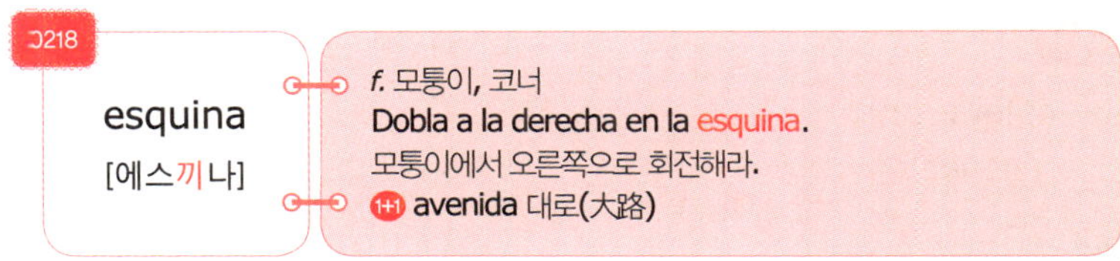

f. 모퉁이, 코너
Dobla a la derecha en la esquina.
모퉁이에서 오른쪽으로 회전해라.
1+1 avenida 대로(大路)

0219

manga
[망가]

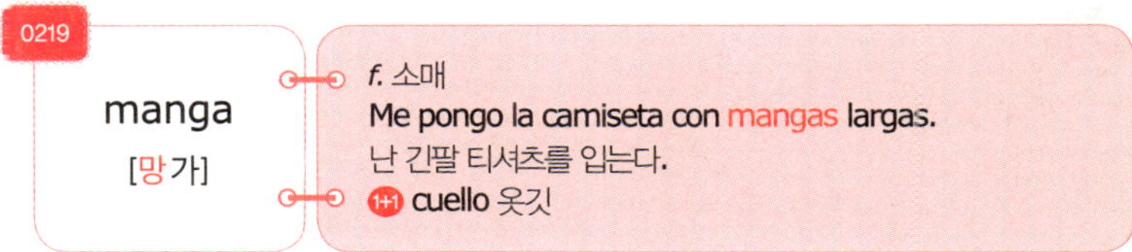

f. 소매
Me pongo la camiseta con mangas largas.
난 긴팔 티셔츠를 입는다.
1+1 cuello 옷깃

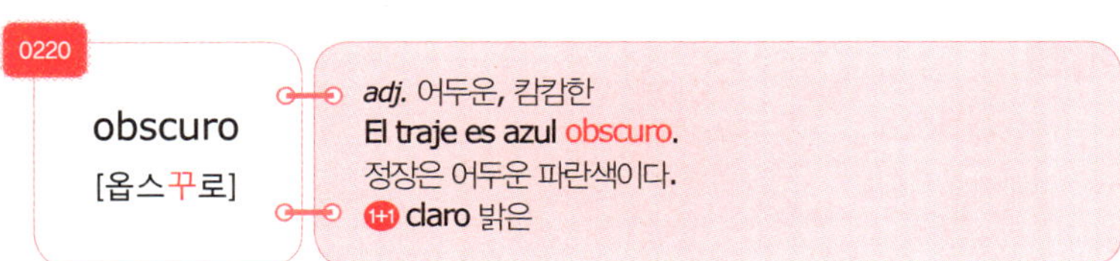

0220

obscuro
[옵스**꾸**로]

adj. 어두운, 캄캄한
El traje es azul obscuro.
정장은 어두운 파란색이다.
1+1 claro 밝은

0221

libertad
[리베르**딷**]

f. 자유
Apreciamos mucho la libertad.
우리는 자유를 너무 소중하게 여긴다.
1+1 supresión 억압, 말살

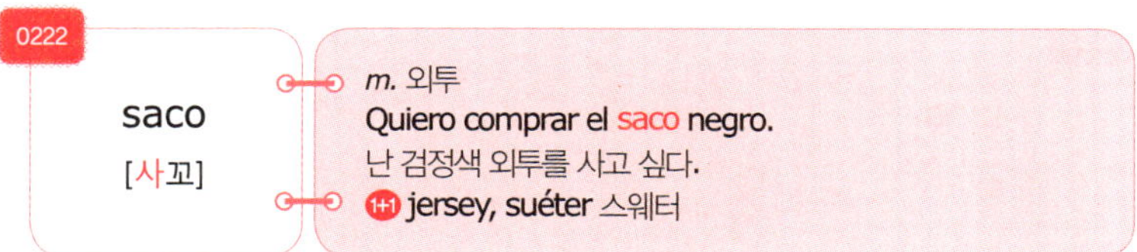

0222

saco
[**사**꼬]

m. 외투
Quiero comprar el saco negro.
난 검정색 외투를 사고 싶다.
1+1 jersey, suéter 스웨터

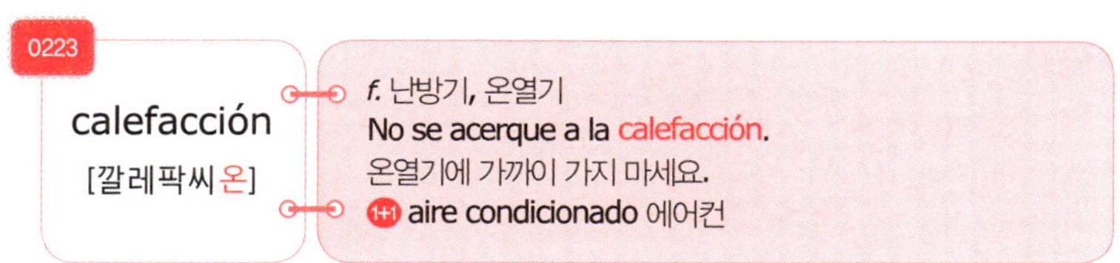

0223

calefacción
[깔레팍씨**온**]

f. 난방기, 온열기
No se acerque a la calefacción.
온열기에 가까이 가지 마세요.
1+1 aire condicionado 에어컨

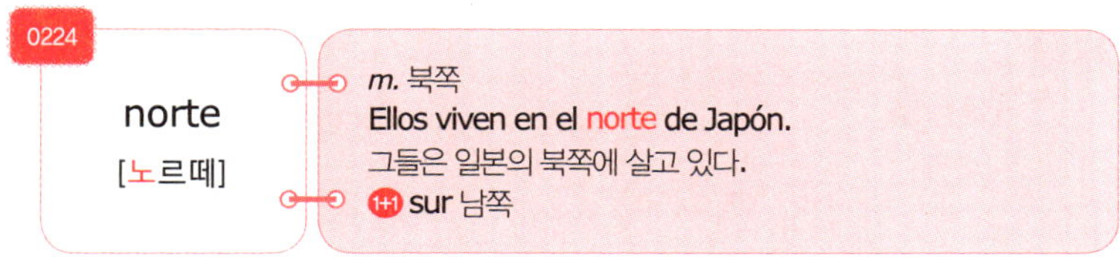

0224

norte
[**노**르떼]

m. 북쪽
Ellos viven en el norte de Japón.
그들은 일본의 북쪽에 살고 있다.
1+1 sur 남쪽

0225

ley
[레이]

f. 법, 법률
Las **leyes** del país no permiten que los hispanos puedan trabajar.
국가의 법은 히스페닉계 사람들이 일할 수 있게 하는 것을 허용하지 않는다.
1+1 **derecho** 권리, 권한

0226

beca
[베까]

f. 장학금
Cuando me den una **beca**, podré asistir a la universidad.
내게 장학금을 줄 때, 난 대학에 다닐 수 있을 것이다.
1+1 **costo de la matrícula** 등록비용

0227

cuadro
[꽈드로]

m. 그림, 틀, 사각
En la galería hay muchos **cuadros**.
갤러리에는 많은 그림들이 있다.
1+1 **círculo** 원

0228

gente
[헨떼]

f. 사람들, 인종
Hay mucha **gente** en el cine.
영화관에 많은 사람들이 있다.
1+1 **raza** 인종

0229

cola
[꼴라]

f. 꼬리, 줄
Tenemos que hacer **cola** para comprar boletos.
우리는 표를 구매하기 위해 줄을 서야 한다.
1+1 **cabeza** 머리

0230

biblioteca

[비블리오떼까]

f. 도서관
La biblioteca, cerca de la cual estacioné, es muy grande.
내가 주차시킨 근처의 도서관은 매우 크다.
1+1 librería 서점

0231

gorra

[고 ㄹ~라]

f. 모자
El niño se puso la gorra.
아이는 모자를 썼다.
1+1 sombrero 모자

0232

premio

[쁘레미오]

m. 상, 상금
El número 10 gana el premio.
10번이 상을 받는다.
1+1 multa 벌금

0233

pobre

[쁘브레]

m.f. 가난한 사람, 불쌍한 사람. *adj.* 가난한, 불쌍한
Lo dimos al pobre.
우리는 불쌍한 사람에게 그것을 줬다.
1+1 rico 부유한, 맛있는

0234

nieve

[니에베]

f. 눈
Hay nieve en la montaña.
산에 눈이 있다.
1+1 lluvia 비

0235

viaje
[비**아**헤]

m. 여행
Todos quieren hacer un viaje alrededor del mundo.
모두가 세계 여행하는 것을 원한다.
1+1 turismo 여행

0236

turista
[뚜**리**스따]

m.f. 여행객
Los turistas visitaron el museo de Prado.
여행객들은 쁘라도 박물관을 방문했다.
1+1 viajero 여행객(남)

0237

escritorio
[에스끄리**또**리오]

m. 책상
Los estudiantes mueven los libros del escritorio
a la mesa.
아이들은 책상에서 테이블로 책들을 옮긴다.
1+1 silla 의자

0238

máquina
[**마**끼나]

f. 기계
¿Para qué sirve esta máquina?
이 기계는 무엇을 위해 사용됩니까?
1+1 mecánico 기술자

0239

pintura
[**쁜뚜**라]

f. 그림
En el museo hay pinturas famosas.
박물관에는 유명한 그림들이 있다.
1+1 la foto 사진

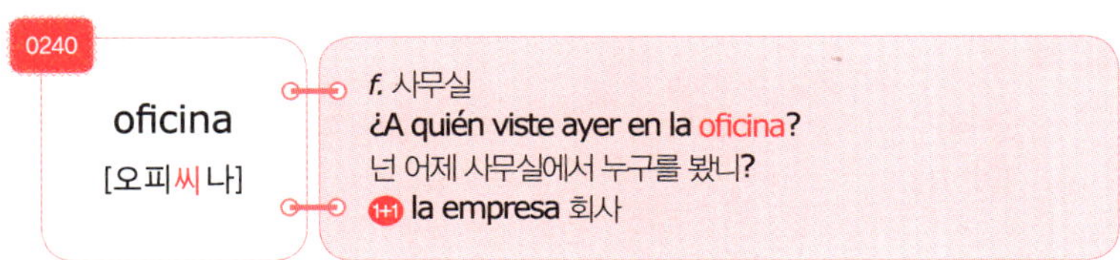

0240

oficina
[오피씨나]

f. 사무실
¿A quién viste ayer en la oficina?
넌 어제 사무실에서 누구를 봤니?
1+1 la empresa 회사

0241

congestión
[꼰헤스띠온]

f. 과잉, 집결, 밀집
Hay mucha congestión en la carretera.
차 길에 심한 교통체증이 있다.
1+1 ocio 심심한, 나태, 태만

0242

plato
[쁠라또]

m. 접시
Quité los platos de la mesa.
난 탁자에서 접시들을 치웠다.
1+1 bandera 쟁반

0243

mochila
[모칠라]

f. 배낭
Se me olvida llevar la mochila.
난 가방을 가져가는 것을 깜빡한다.
1+1 bolsillo 주머니

0244

maleta
[말레따]

f. 가방, 여행 가방
Llevaré mis maletas al tren.
난 내 가방을 기차로 옮길 것이다.
1+1 billetero 지갑

0245

lluvia
[유비아]

f. 비
No fueron a causa de la lluvia.
그들은 비 때문에 가지 않았다.
1+1 llovizna 가랑비

0246

examen
[엑싸멘]

m. 시험, 조사
Aprobé el examen a fuerza de estudiar mucho.
난 열심히 공부했기 때문에 시험에 합격했다.
1+1 prueba 시험, 시도

0247

monte
[몬떼]

m. 산
Subieron el monte a caballo.
그들은 말을 타고 산에 올랐다.
1+1 montaña 산

0248

juguete
[후게떼]

m. 장난감
El juguete cuesta demasiado caro.
장난감은 무척 비싸다.
1+1 jugador 운동선수

0249

excelente
[엑쎌렌떼]

adj. 우수한, 뛰어난, 놀라운
La niña prepara una comida excelente.
아이는 놀라운 요리를 준비한다.
1+1 tonto 어리석은, 모자란

0250

campana
[깜**빠**나]

f. 종
Sonaron las campanas de la iglesia.
교회의 종이 울렸다.
1+1 campanilla de oro 개나리 꽃

0251

diente
[디**엔**떼]

m. 이, 치아
Le duele el diente.
그는 이가 아프다.
1+1 muela 어금니

0252

madera
[마**데**라]

m. 목재, 나무
Me gusta la casa de madera.
난 나무 집이 좋다.
1+1 árbol 나무

0253

ciego
[씨**에**고]

adj. 장님의, 눈먼
¿Conoces el juego de la gallina ciega?
'눈 가리기' 놀이를 아니?
1+1 mudo 벙어리

0254

reina
[ㄹ~**레**이나]

f. 여왕, 왕비
Para el teatro, se vistió de reina.
연극을 위해, 여왕 옷을 입었다.
1+1 rey 왕

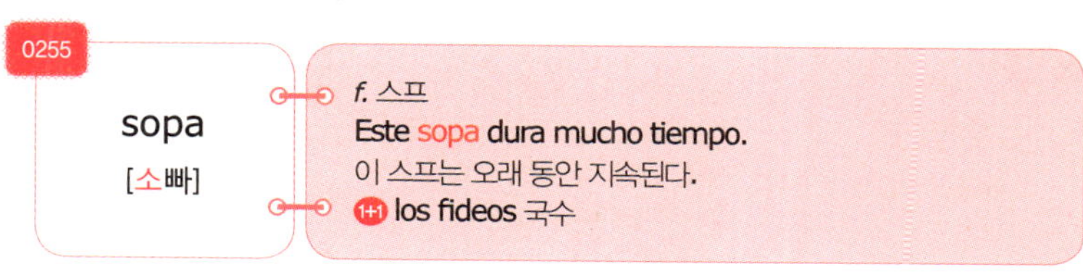

0255

sopa
[소빠]

f. 스프
Este sopa dura mucho tiempo.
이 스프는 오래 동안 지속된다.
1+1 los fideos 국수

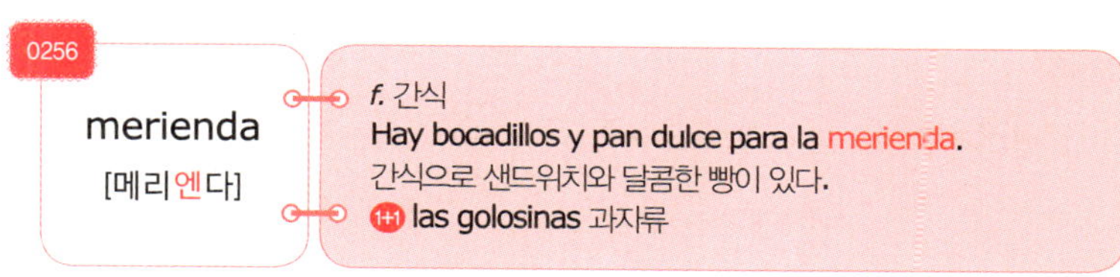

0256

merienda
[메리엔다]

f. 간식
Hay bocadillos y pan dulce para la merienda.
간식으로 샌드위치와 달콤한 빵이 있다.
1+1 las golosinas 과자류

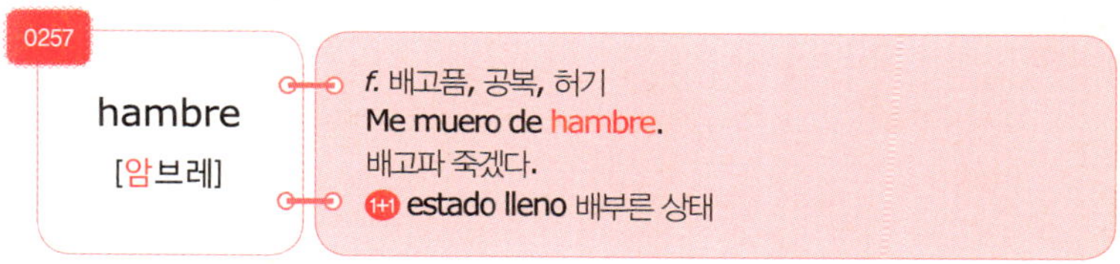

0257

hambre
[암브레]

f. 배고픔, 공복, 허기
Me muero de hambre.
배고파 죽겠다.
1+1 estado lleno 배부른 상태

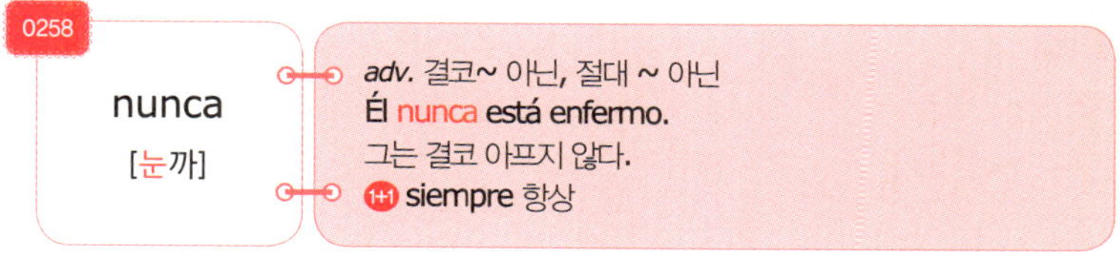

0258

nunca
[눈까]

adv. 결코~ 아닌, 절대 ~ 아닌
Él nunca está enfermo.
그는 결코 아프지 않다.
1+1 siempre 항상

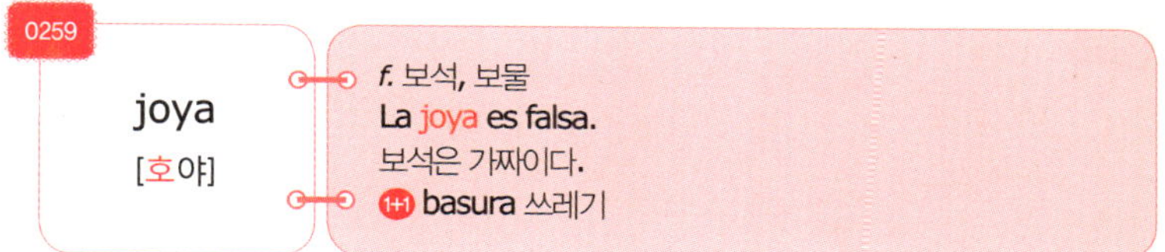

0259

joya
[호야]

f. 보석, 보물
La joya es falsa.
보석은 가짜이다.
1+1 basura 쓰레기

0260

fresco
[프레스꼬]

m. 시원함, 상큼함. *adj.* 서늘한, 상큼한
Hace mucho fresco en julio.
7월은 매우 선선하다.
1+1 caliente 뜨거운

0261

mantequilla
[만떼끼야]

f. 버터
El niño come pan y mantequilla.
아이가 빵과 버터를 먹는다.
1+1 queso 치즈

0262

nacional
[나씨오날]

adj. 국가의, 국내의, 나라의
Todos estaban de pie para el himno nacional.
모두 애국가를 위해 서 있었다.
1+1 internacional 국제의

0263

persona
[뻬르소나]

f. 사람
Más personas votaron en contra que a favor de la ley.
더 많은 사람들이 법에 호의적이기보다는 반대되는 것에 표를 던졌다.
1+1 planta 식물

0264

vecino
[베씨노]

m. 이웃사람, 마을사람
Mis vecinos están de vacaciones.
나의 이웃들은 휴가 중이다.
1+1 pariente 친척

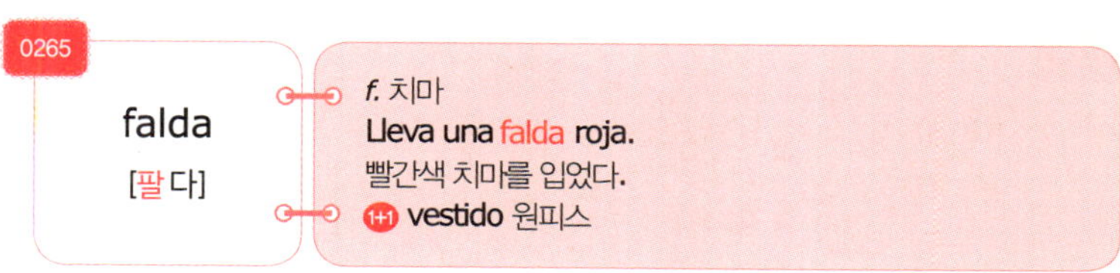

0265

falda
[**팔**다]

f. 치마
Lleva una falda roja.
빨간색 치마를 입었다.
1+1 vestido 원피스

0266

famoso
[파**모**소]

adj. 유명한
Los museos de Madrid son famosos.
마드리드 박물관들은 유명하다.
1+1 mal reputado 평판이 나쁜

0267

estufa
[에스**뚜**파]

f. 스토브, 난로
La carne está en la estufa.
고기는 스토브에 올려 있다.
1+1 el hondo microondas 전자렌지

0268

lámpara
[**람**빠라]

f. 등불, 램프
Papá tiene que fijar la lámpara en esa mesa.
아빠는 그 테이블에 등불을 고정시키셔야 했다.
1+1 fuego 불(火)

0269

hielo
[이**엘**로]

m. 얼음
Ellos patinan en el hielo.
그들은 얼음 위에서 스케이트를 탄다.
1+1 vapor 수증기

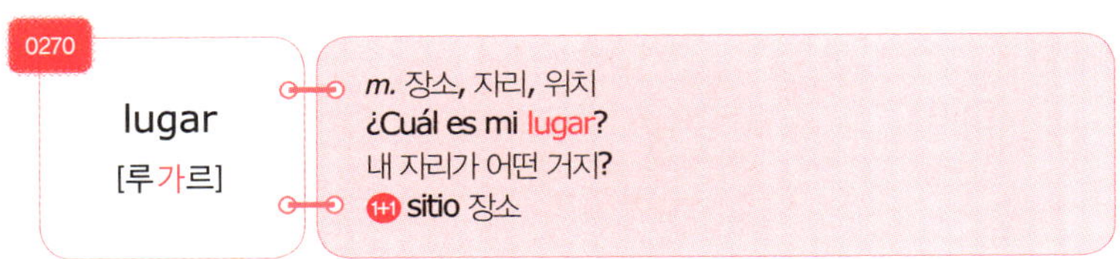
0270
lugar
[루가르]
m. 장소, 자리, 위치
¿Cuál es mi lugar?
내 자리가 어떤 거지?
1+1 sitio 장소

0271
listo
[리스또]
adj. 준비된, 똑똑한
Tengan los boletos listos.
준비된 표들을 가지고 계세요.
1+1 inteligente 똑똑한

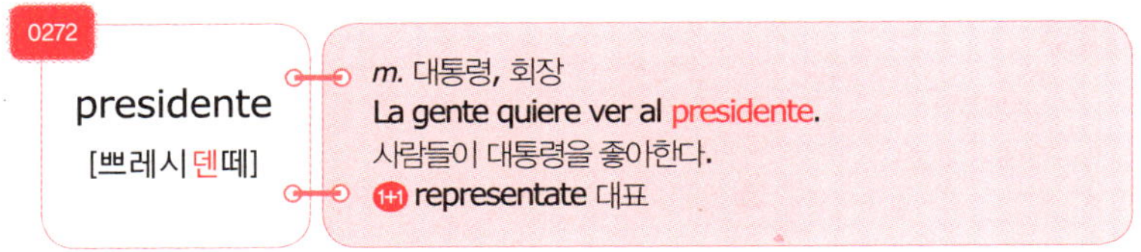
0272
presidente
[쁘레시덴떼]
m. 대통령, 회장
La gente quiere ver al presidente.
사람들이 대통령을 좋아한다.
1+1 representate 대표

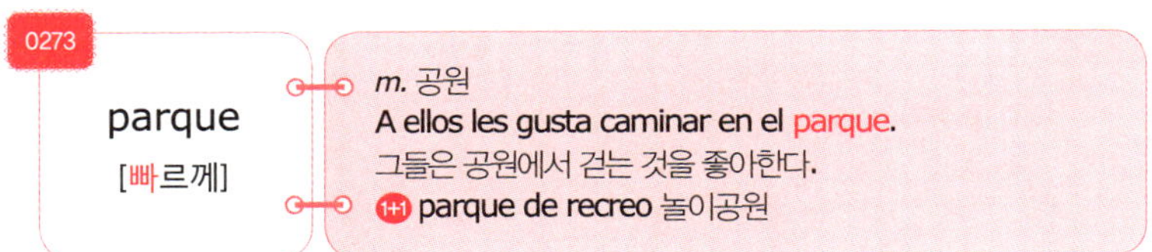
0273
parque
[빠르께]
m. 공원
A ellos les gusta caminar en el parque.
그들은 공원에서 걷는 것을 좋아한다.
1+1 parque de recreo 놀이공원

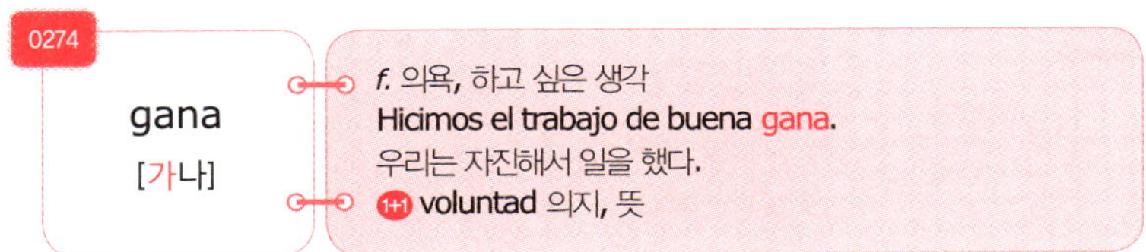
0274
gana
[가나]
f. 의욕, 하고 싶은 생각
Hicimos el trabajo de buena gana.
우리는 자진해서 일을 했다.
1+1 voluntad 의지, 뜻

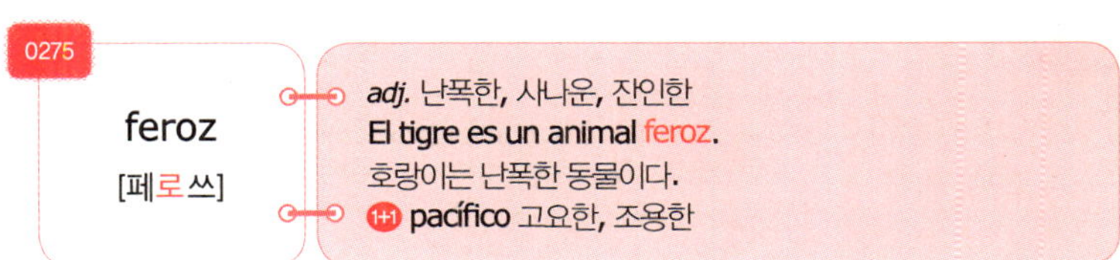

0275 feroz
[페로쓰]

adj. 난폭한, 사나운, 잔인한
El tigre es un animal feroz.
호랑이는 난폭한 동물이다.
1+1 pacífico 고요한, 조용한

0276 lana
[라나]

f. 양모, 양털
Las ovejas nos dan lana.
양들이 우리에게 양모를 제공한다.
1+1 seda 비단, 명주

0277 cesta
[쎄스따]

f. 바구니
Las manzanas están en la cesta.
사과는 바구니에 있다.
1+1 cubo 양동이

0278 asunto
[아순또]

m. 일, 문제, 사건
Con respecto al asunto, no podré decirte más.
그 일에 관련해서, 난 네게 더 말을 할 수 없을 것이다.
1+1 accidente 사고, 사건

0279 geografía
[헤오그라피아]

f. 지리(학)
En la clase de geografía estudiamos los mapas de los países diferentes.
지리 수업시간에 우리는 다른 나라의 지도를 공부한다.
1+1 historia 역사

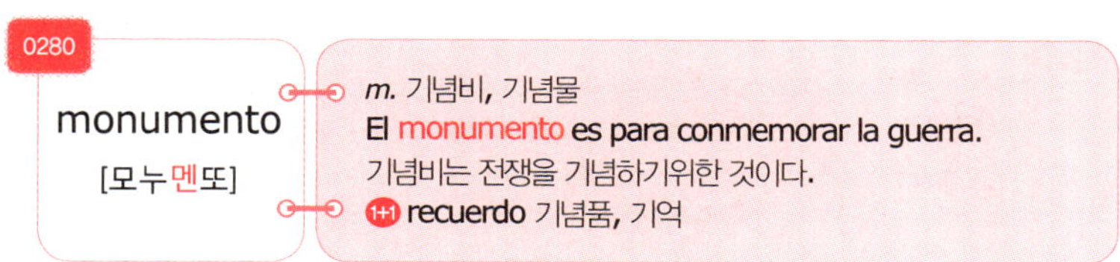

0280

monumento
[모누멘또]

m. 기념비, 기념물
El **monumento** es para conmemorar la guerra.
기념비는 전쟁을 기념하기위한 것이다.
1+1 recuerdo 기념품, 기억

0281

ensalada
[엔살라다]

f. 샐러드
Este tenedor es para comer **ensalada**.
이 포크는 샐러드를 먹기 위한 것이다.
1+1 aperitivo 전체요리

0282

gobierno
[고비에르노]

m. 정부, 통치, 정치
Hace muchos años que trabaja para el **gobierno**.
몇 년 전부터 정부를 위해 일을 한다.
1+1 gabinete (정부) 내각

0283

broma
[브로마]

f. 농담, 재담
No hagas eso. No estoy para **bromas**.
그것을 하지 마라. 난 농담하고 있는 것이 아니다.
1+1 mentira 거짓말

0284

terminal
[떼르미날]

f. 터미널
Al volver a casa, fueron por la **terminal**.
집으로 돌아갈 때, 그들은 터미널을 통해 갔다.
1+1 aeropuerto 공항

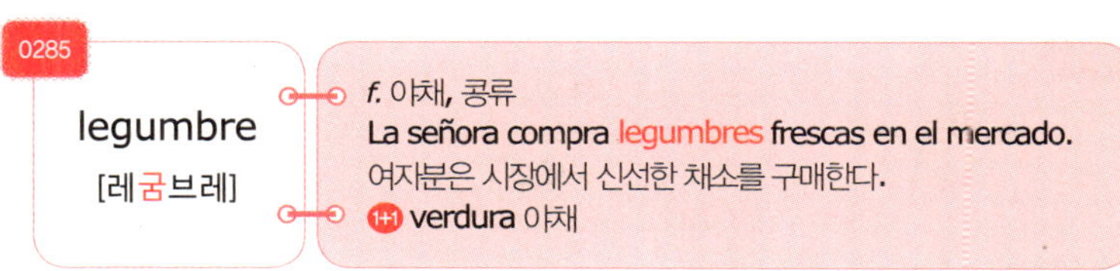
0285
legumbre
[레굼브레]
f. 야채, 콩류
La señora compra legumbres frescas en el mercado.
여자분은 시장에서 신선한 채소를 구매한다.
1+1 verdura 야채

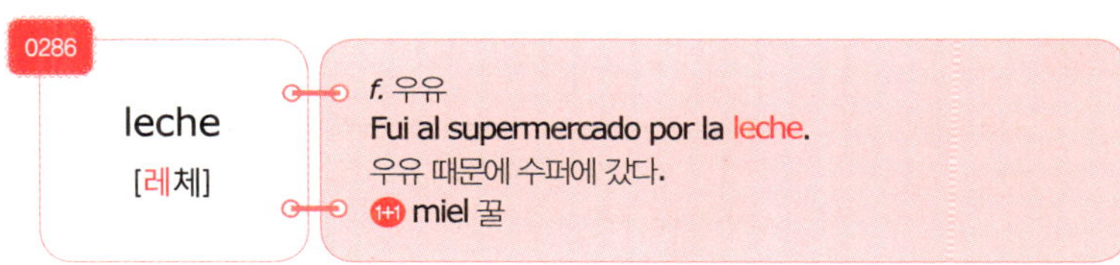
0286
leche
[레체]
f. 우유
Fui al supermercado por la leche.
우유 때문에 수퍼에 갔다.
1+1 miel 꿀

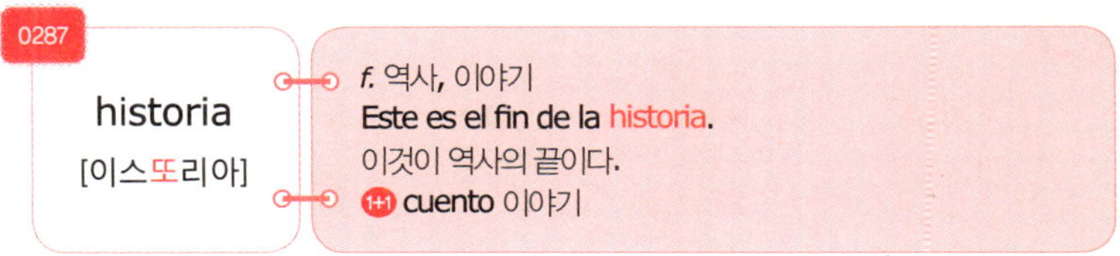
0287
historia
[이스또리아]
f. 역사, 이야기
Este es el fin de la historia.
이것이 역사의 끝이다.
1+1 cuento 이야기

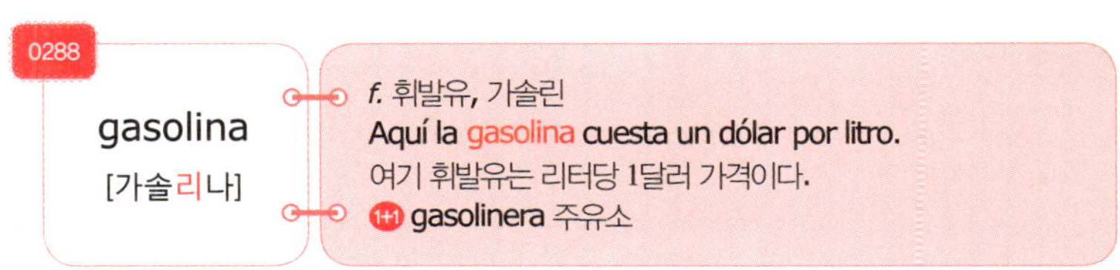
0288
gasolina
[가솔리나]
f. 휘발유, 가솔린
Aquí la gasolina cuesta un dólar por litro.
여기 휘발유는 리터당 1달러 가격이다.
1+1 gasolinera 주유소

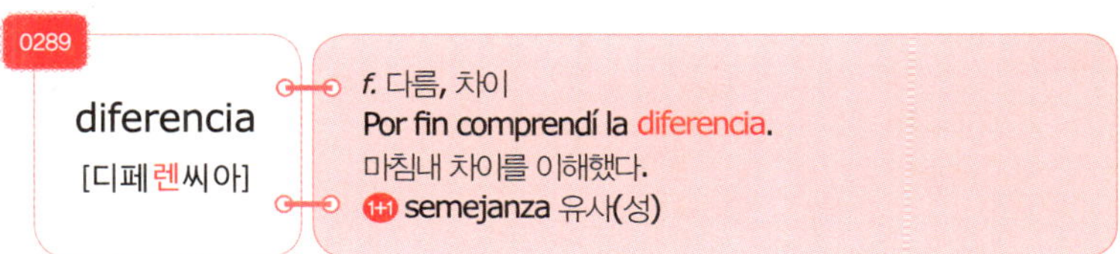
0289
diferencia
[디페렌씨아]
f. 다름, 차이
Por fin comprendí la diferencia.
마침내 차이를 이해했다.
1+1 semejanza 유사(성)

0290

valija
[발리하]

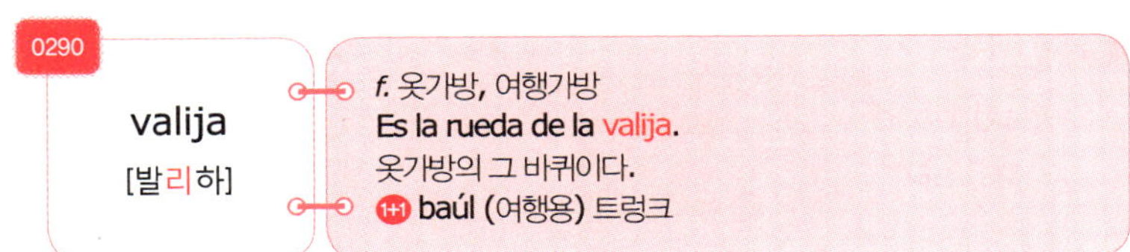

f. 옷가방, 여행가방
Es la rueda de la valija.
옷가방의 그 바퀴이다.
1+1 baúl (여행용) 트렁크

0291

peligro
[뻴리그로]

m. 위험
Todos temblaban ante el peligro de la inundación.
모두가 홍수의 위험 앞에서 떨고 있었다.
1+1 seguridad 안전

0292

éxito
[엑씨또]

m. 성공, 좋은 결과
No hay éxito sin esfuerzo.
노력 없는 성공은 없다.
1+1 fracaso 실패, 좌절

0293

leña
[레냐]

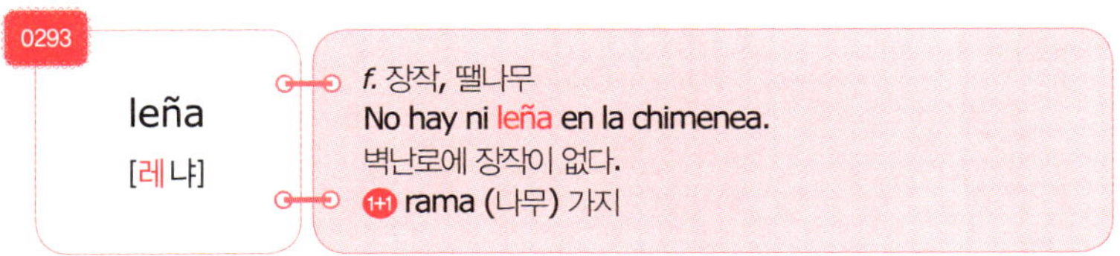

f. 장작, 땔나무
No hay ni leña en la chimenea.
벽난로에 장작이 없다.
1+1 rama (나무) 가지

0294

metal
[메딸]

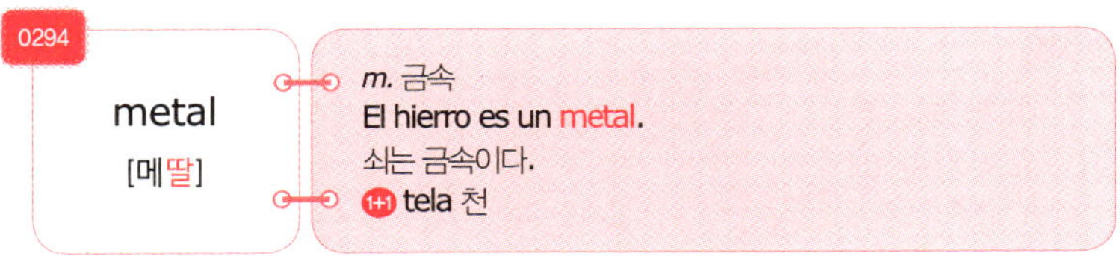

m. 금속
El hierro es un metal.
쇠는 금속이다.
1+1 tela 천

0295 mar [마르]

m. 바다
Me gusta mirar el mar.
난 바다 보는 것을 좋아한다.
1+1 océano 대양

0296 contaminación [꼰따미나씨온]

f. 오염, 공해
El problema de la contaminación del aire está sin resolver.
공기 오염의 문제는 해결될 수 없는 상태이다.
1+1 pureza 청정(淸淨)

0297 artista [아르띠스따]

m.f. 예술가
La pintura será hecha por un artista famoso.
그림은 유명한 화가에 의해 그려졌다.
1+1 empresario 기업가

0298 avergonzado [아베르곤싸도]

adj. 부끄러운, 창피한
Muchos adolescentes no están avergonzados de sus padres.
많은 청년들이 자신의 부모를 창피해 하지 않는다.
1+1 desvergonzado 철면피한

0299 mono [모노]

m. 원숭이
En el jardín zoológico vi a monos.
동물원에서 원숭이들을 봤다.
1+1 domador 사육사

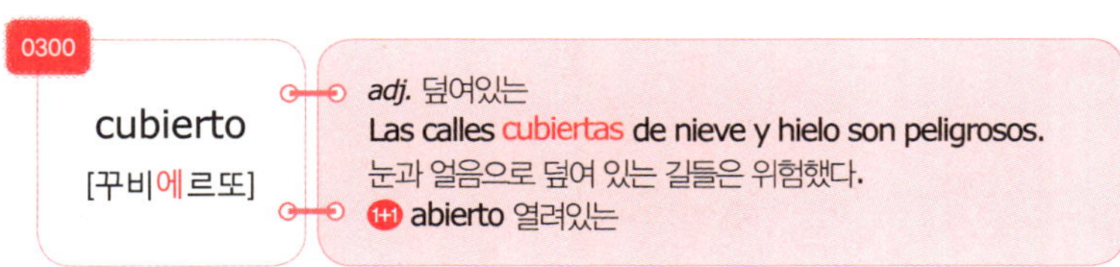

0300

cubierto
[꾸비**에**르또]

adj. 덮여있는
Las calles **cubiertas** de nieve y hielo son peligrosos.
눈과 얼음으로 덮여 있는 길들은 위험했다.
1+1 **abierto** 열려있는

0301

sueño
[수**에**뇨]

m. 꿈, 졸음, 잠자기
Como tenía **sueño**, se acostó.
졸렸었기 때문에 잠이 들었다.
1+1 **despierto** 잠에서 깨어난

0302

humo
[**우**모]

m. 연기
¿De dónde viene el **humo**?
연기가 어디서 오는 거지?
1+1 **niebla** 안개

0303

plaza
[쁠**라**싸]

f. 광장
En el primer lugar, se necesita venir a la **plaza**.
가장 먼저 광장으로 내려올 필요가 있다.
1+1 **callejón** 골목

0304

papa
[**빠**빠]

f. 감자
Él quiere más **papas** en su plato.
그는 자신의 접시에 더 많은 감자들을 원한다.
1+1 **patata dulce** 고구마

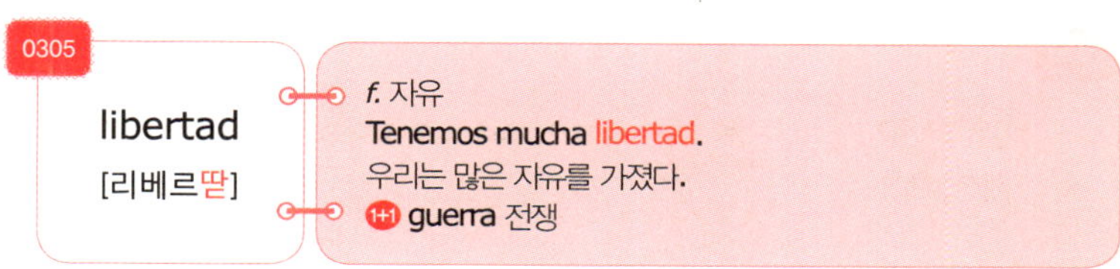

0305

libertad
[리베르**딷**]

f. 자유
Tenemos mucha libertad.
우리는 많은 자유를 가졌다.
1+1 guerra 전쟁

0306

termómetro
[떼르**모**메뜨로]

m. 온도계
El termómetro indica la teperatura.
온도계는 온도를 가리킨다.
1+1 higrómetro 습도계

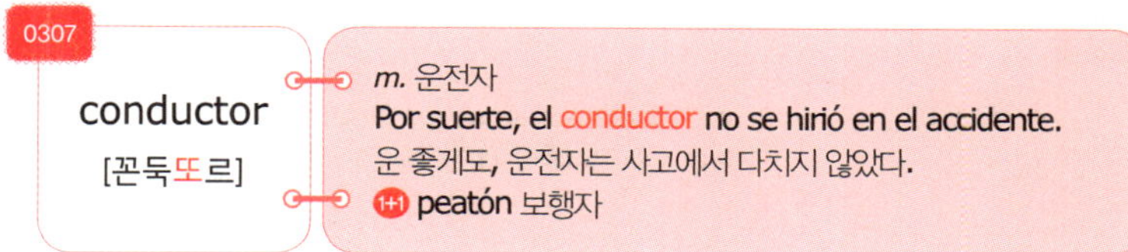

0307

conductor
[꼰둑**또**르]

m. 운전자
Por suerte, el conductor no se hirió en el accidente.
운 좋게도, 운전자는 사고에서 다치지 않았다.
1+1 peatón 보행자

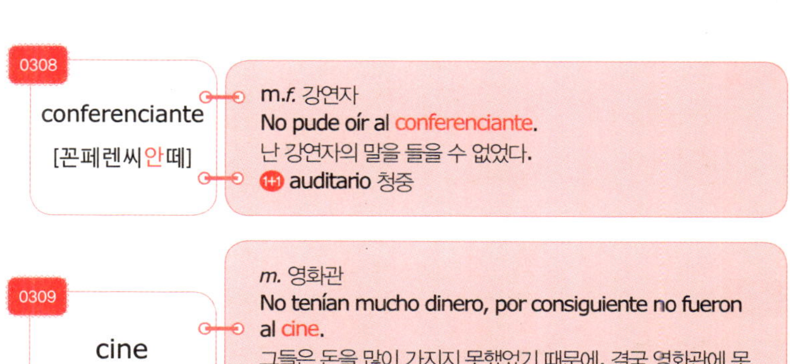

0308

conferenciante
[꼰페렌씨**안**떼]

m.f. 강연자
No pude oír al conferenciante.
난 강연자의 말을 들을 수 없었다.
1+1 auditario 청중

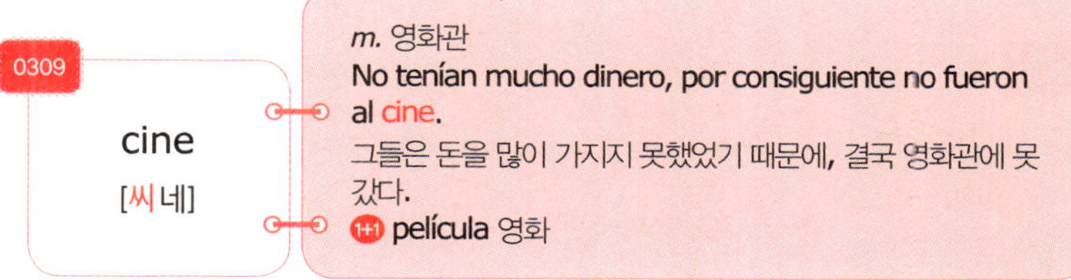

0309

cine
[씨 네]

m. 영화관
No tenían mucho dinero, por consiguiente no fueron al cine.
그들은 돈을 많이 가지지 못했었기 때문에, 결국 영화관에 못 갔다.
1+1 película 영화

0310

ejemplo
[에헴쁠로]

m. 예(제), 본보기, 모범
Me faltan unas cosas para la escuela, por ejemplo un cuadro.
난 학교를 위해 많은 것, 예를 들어 그림이 필요하다.
1+1 realidad 실제, 실존

0311

tigre
[띠그레]

m. 호랑이
Corrió como si le persiguiera un tigre.
마치 호랑이가 그를 쫓아오는 것처럼 달렸다.
1+1 león 사자

0312

secreto
[세꼬레또]

m. 비밀, 은밀한 일, 기밀
Ni mi hermana ni su amiga jamás supo mi secreto.
내 여동생도 그녀의 여자 친구도 절대로 나의 비밀을 알지 못한다.
1+1 revelación 폭로

0313

criada
[끄리아다]

f. 가정부, 하녀
Ayer al llegar a casa conocí a la criada.
어제 집에 도착했을 때, 난 내 이웃을 알게 되었다.
1+1 dueño 주인

0314

barrio
[바ㄹ~리오]

m. 지역, 교외구(郊外區)
Es mejor que los alumnos asistan a una escuela en su barrio.
아이들은 그들이 (사는) 지역에 있는 학교에 다니는 것이 더 좋다.
1+1 la sede 본부

0315

cartero
[까르떼로]

m. 우체부
El cartero me dio la carta con las noticias de mi tío.
우체부는 나에게 삼촌의 소식이담긴 편지를 주었다.
1+1 distribuidor 배달원

0316

pez
[뻬쓰]

m. 물고기
Me gusta bucear para ver los peces en el mundo submarino.
난 수중 세계의 물고기를 보기위해 스쿠버다이빙하는 것을 좋아한다.
1+1 pájaro 새

0317

cinturón
[씬뚜론]

m. 벨트, 허리띠
Los pasajeros tienen que abrocharse los cinturones de seguridad.
여행객들은 안전벨트를 착용해야한다.
1+1 bolsa de aire 에어백

0318

yerno
[예르노]

m. 사위
Voy a ser el padrino del primer hijo de mi yerno.
난 나의 사위의 첫 아들의 대부를 할 것이다.
1+1 nuera 며느리

0319

país
[빠이스]

m. 국가
Antes no se podía divorciar nadie en países hispanos.
전에 스페인어권 국가에서는 어느 누구도 이혼을 할 수 없었었다.
1+1 provincia 주, 도(都)

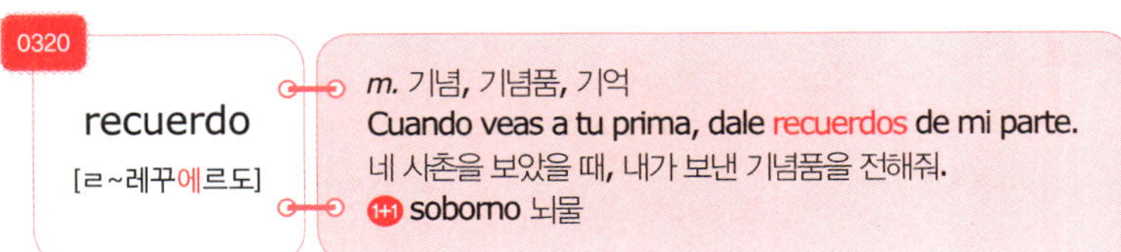

0320

recuerdo

[ㄹ~레꾸에르도]

m. 기념, 기념품, 기억
Cuando veas a tu prima, dale recuerdos de mi parte.
네 사촌을 보았을 때, 내가 보낸 기념품을 전해줘.
1+1 soborno 뇌물

0321

tribunal

[뜨리부날]

m. 재판소, 법정
El tribunal condenó al aseseino a cadena perpetua.
법원은 살인범에게 무기징역을 선고했다.
1+1 constitución 헌법

0322

propuesta

[쁘로뿌에스따]

f. 제안
El gobierno no acepta la propuesta de la oposición.
정부는 반대 제안을 받아들이지 않는다.
1+1 aceptación 수락, 승낙

0323

sentado

[센따도]

adj. 앉아있는
Me sorprendió verla sentada a la cabeza de la mesa.
책상 머리에 앉아 있는 그녀를 보고 놀랐다.
1+1 levantado 서 있는

0324

jabón

[하본]

m. 비누
Recuerda lavarte las manos con jabón para limpiarlas bien.
잘 씻기 위해 비누로 손을 씻는 것을 기억해라.
1+1 champú 샴푸

0325

loco
[로꼬]

adj. 미친, 돌아버린
Es difícil quedarse tranquilo al volverse loco.
미칠 지경일 때 조용히 있는 것은 어렵다.
1+1 inteligente 똑똑한

0326

parada
[빠라다]

f. 정류장
Llegué muy tarde a la parada.
난 정류장에 매우 늦게 도착했다.
1+1 estación (기차 등) 역

0327

caliente
[깔리엔떼]

adj. 뜨거운
La sopa está caliente.
스프가 뜨겁다.
1+1 frío 차가운

0328

hueso
[우에소]

m. 뼈
Él también es de carne y hueso.
그도 사람의 자식이다.
1+1 esqueleto 골격

0329

cereza
[쎄레싸]

f. 체리
Me gusta mucho el pastel de cereza.
난 체리 파이를 너무 좋아한다.
1+1 melocotón 복숭아

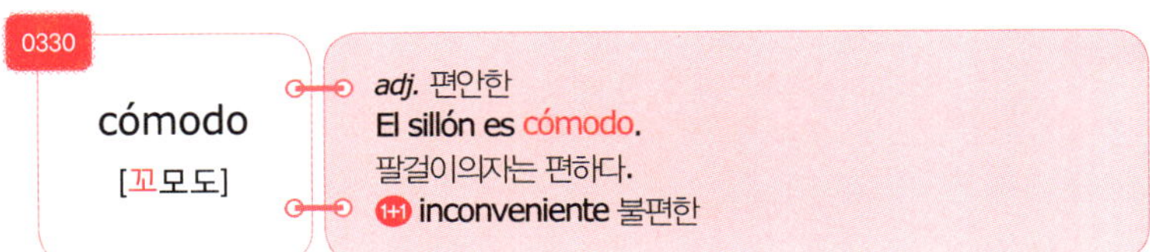

0330

cómodo
[꼬모도]

adj. 편안한
El sillón es cómodo.
팔걸이의자는 편하다.
1+1 inconveniente 불편한

0331

cuero
[꾸에로]

m. 가죽, 껍질
Para Navidad, quiero una chaqueta de cuero.
크리스마스를 위해 난 가죽 자켓을 원한다.
1+1 la piel (사람의) 피부, (동물의) 가죽

0332

tierno
[띠에르노]

adj. 연한, 부드러운
Esta carne no es muy tierna.
이 고기는 매우 부드럽지는 않다.
1+1 duro 딱딱한

0333

contento
[꼰뗀또]

adj. 만족한, 기뻐하는
Los alumnos están contentos porque van al parque.
아이들은 공원에 가기 때문에 만족한다.
1+1 triste 슬픈

0334

cuidadosamente
[꾸이다도사멘떼]

adv. 주의해서, 조심스럽게
Al cruzar la calle, tiene que mirar cuidadosamente.
길을 건널 때, 주의해서 봐야 한다.
1+1 descuidado 부주의한

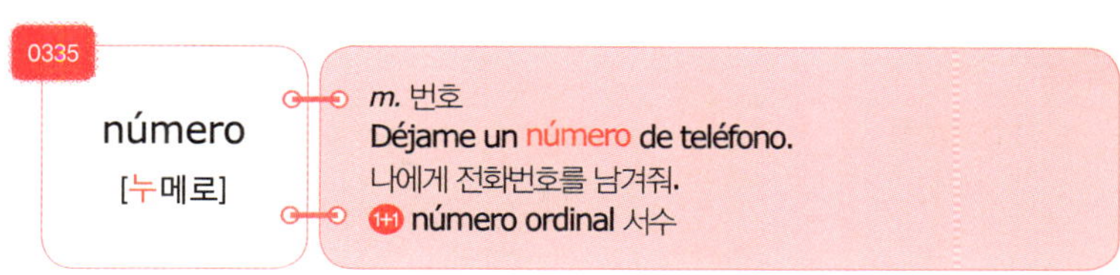

0335

número
[누메로]

m. 번호
Déjame un número de teléfono.
나에게 전화번호를 남겨줘.
1+1 número ordinal 서수

0336

dueño
[두에뇨]

m. 소유자, 주인
El dueño está en el coche.
주인이 마차에 있다.
1+1 inquilino 세입자

0337

comedor
[꼬메도르]

m. 식당, 구내식당
La familia come en el comedor.
가족은 식당에서 밥을 먹는다.
1+1 restaurante 식당

0338

venta
[벤따]

f. 판매, 매각
No puedo aceptar sus condiciones de venta.
난 당신의 판매조건들을 받아들일 수 없습니다.
1+1 compra 구매

0339

aduana
[아두아나]

f. 세관
En la aduana retuvieron la mercancia.
세관에서 물건을 제지했다.
1+1 aeropuerto 공항

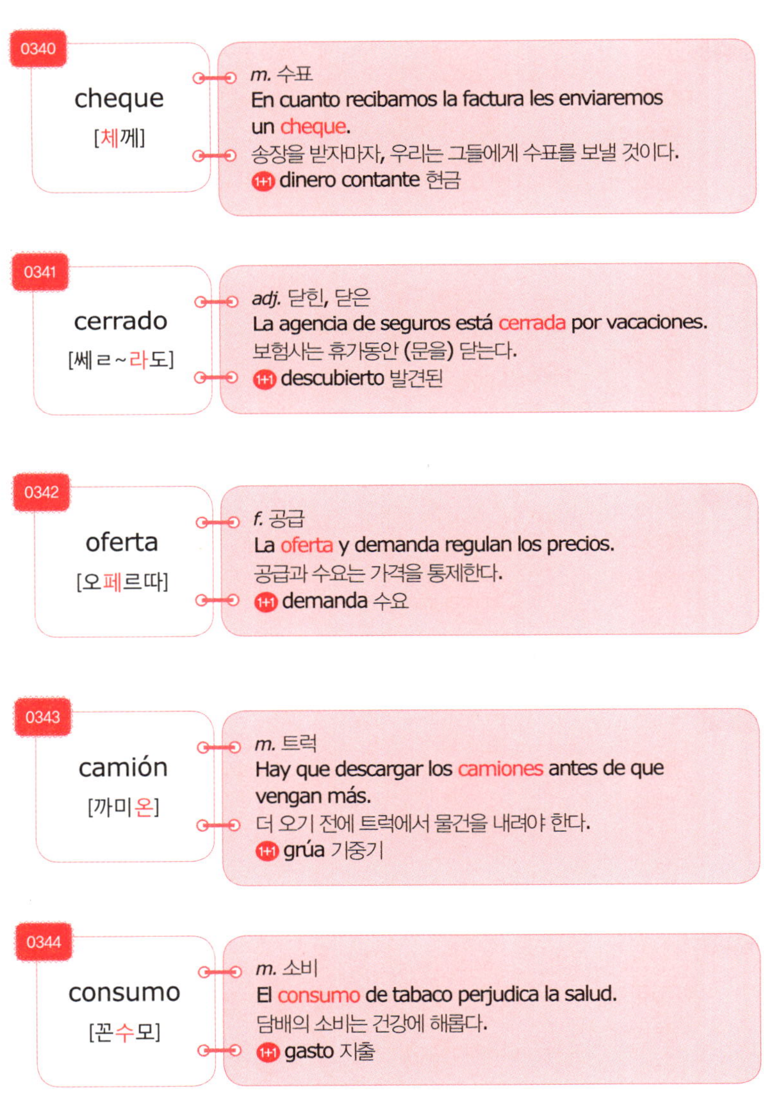

0340

cheque
[체께]

m. 수표
En cuanto recibamos la factura les enviaremos
un cheque.
송장을 받자마자, 우리는 그들에게 수표를 보낼 것이다.
1+1 dinero contante 현금

0341

cerrado
[쎄ㄹ~라도]

adj. 닫힌, 닫은
La agencia de seguros está cerrada por vacaciones.
보험사는 휴가동안 (문을) 닫는다.
1+1 descubierto 발견된

0342

oferta
[오페르따]

f. 공급
La oferta y demanda regulan los precios.
공급과 수요는 가격을 통제한다.
1+1 demanda 수요

0343

camión
[까미온]

m. 트럭
Hay que descargar los camiones antes de que
vengan más.
더 오기 전에 트럭에서 물건을 내려야 한다.
1+1 grúa 기중기

0344

consumo
[꼰수모]

m. 소비
El consumo de tabaco perjudica la salud.
담배의 소비는 건강에 해롭다.
1+1 gasto 지출

0345

encargo
[엔까르고]

m. 위임, 의뢰, 주문
Todavía no hemos podido realizar su encargo.
아직도 우리는 당신의 주문을 이행할 수 없습니다.
1+1 responsabilidad 책임

0346

coste
[꼬스떼]

m. 비용, 가격
El coste de la vida ha subido mucho.
생활 비용은 많이 올랐다.
1+1 impuesto 세금

0347

diario
[디아리오]

adj. 매일의, 날마다의
Mucha gente gasta más que gana en la vida diaria.
많은 사람들이 버는 것보다 더 소비한다.
1+1 semanal 주(마다)의

0348

talón
[딸론]

m. 인환증, 영수증, 발뒤꿈치
¿Me pueden abonar este talón en mi cuenta?
내 구좌에 있는 이 영수증도 제게 입금해줄 수 있나요?
1+1 cuenta 계산서

0349

cajero
[까헤로]

m. 회계 담당직원, 현금 출납 담당자
El cajero del banco robó dos millones de dólares.
회계원은 2백만 달러를 훔쳤다.
1+1 contabilidad 회계

0350

efectivo
[에펙띠보]

m. 현금. *adj.* 유효한, 효과적인
¿Paga con tarjeta o en efectivo?
카드나 현금으로 지불할래?
1+1 letra (de cambio) 어음

0351

plazo
[쁠라쏘]

m. 기한, 기간, 일부지불
Paco pagó el piso a plazos porque no pudo pagarlo al contado.
빠꼬는 현금으로 지불할 수 없기 때문에 할부로 아파트 대금을 지불했다.
1+1 espera 범위

0352

cartera
[까르떼라]

f. 지갑
Puedes tomar un billete de dos dólares de mi cartera.
너는 내 지갑에서 2달라짜리 지폐를 가져도 좋다.
1+1 portafolio 서류가방

0353

desayuno
[데사유노]

m. 아침식사
Prefiero los huevos revueltos para el desayuno.
난 아침으로 스크램블 에그를 선호한다.
1+1 almuerzo 점심식사

0354

pastilla
[빠스띠야]

f. 정제, 알약, 작은 덩어리
El médico me recetó unas pastillas.
의사는 내게 약을 처방해 주었다.
1+1 medicina en polvo 가루약

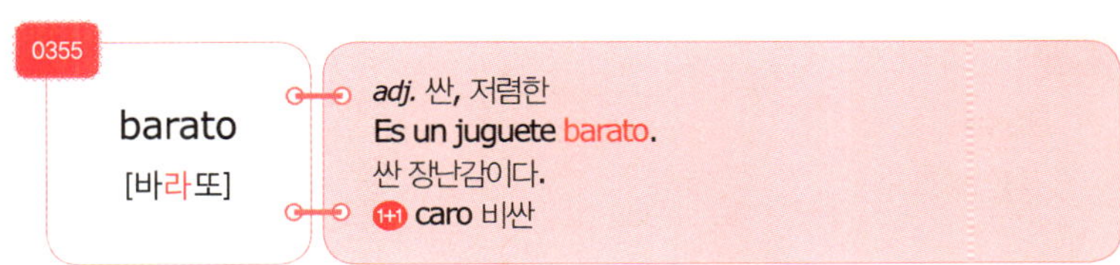

0355

barato
[바라또]

adj. 싼, 저렴한
Es un juguete barato.
싼 장난감이다.
1+1 caro 비싼

0356

azúcar
[아쑤까르]

m. 설탕
El azúcar es dulce.
설탕은 달다.
1+1 la sal 소금

0357

partido
[빠르띠도]

m. 팀, 시합, 경기, 정당
Esta noche es el último partido entre los Doosan
y los Lotte.
오늘 밤에 두산과 롯데 팀의 마지막 경기가 있다.
1+1 equipo 팀

0358

invitación
[인비따씨온]

f. 초대, 초청
Este es el señor, cuya esposa me envió una invitación.
이분은 그 신사분이며, 그의 아내는 내게 초대장을 보내셨다.
1+1 rechazo 거부

0359

calor
[깔로르]

m. 더위, 뜨거움.
Ojalá que haga más calor, no llevo un abrigo conmigo.
아이구 더 더워지면, 나는 외투를 입지 않을거야.
1+1 frío 차가움

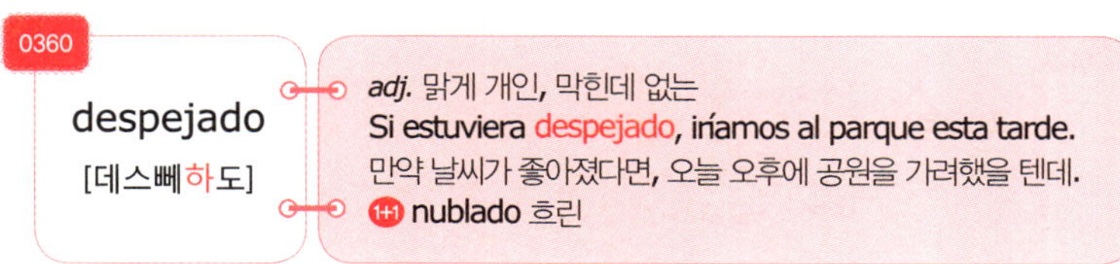

0360

despejado
[데스뻬**하**도]

adj. 맑게 개인, 막힌데 없는
Si estuviera **despejado**, iríamos al parque esta tarde.
만약 날씨가 좋아졌다면, 오늘 오후에 공원을 가려했을 텐데.
1+1 nublado 흐린

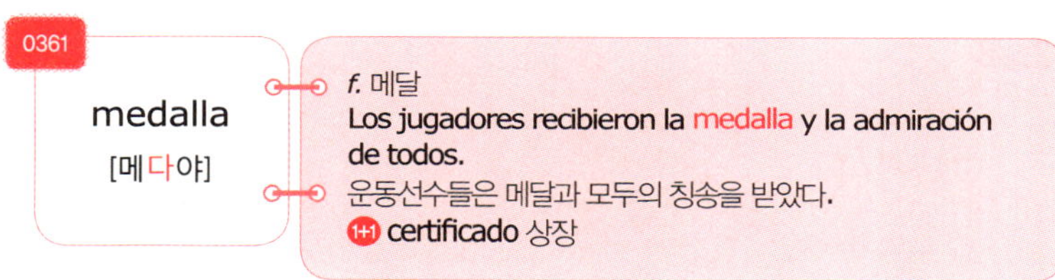

0361

medalla
[메**다**야]

f. 메달
Los jugadores recibieron la **medalla** y la admiración de todos.
운동선수들은 메달과 모두의 칭송을 받았다.
1+1 certificado 상장

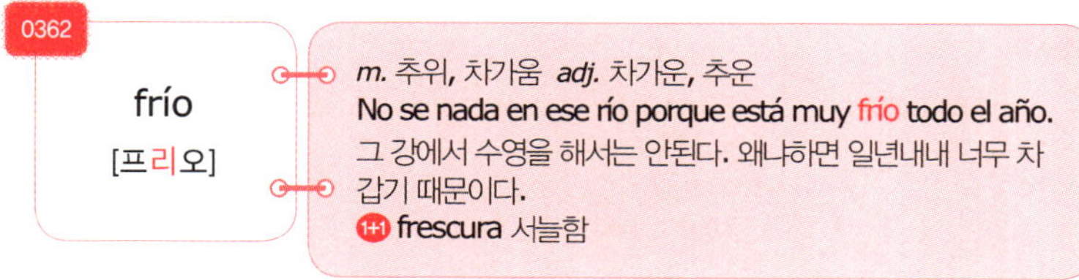

0362

frío
[프**리**오]

m. 추위, 차가움 *adj.* 차가운, 추운
No se nada en ese río porque está muy **frío** todo el año.
그 강에서 수영을 해서는 안된다. 왜냐하면 일년내내 너무 차갑기 때문이다.
1+1 frescura 서늘함

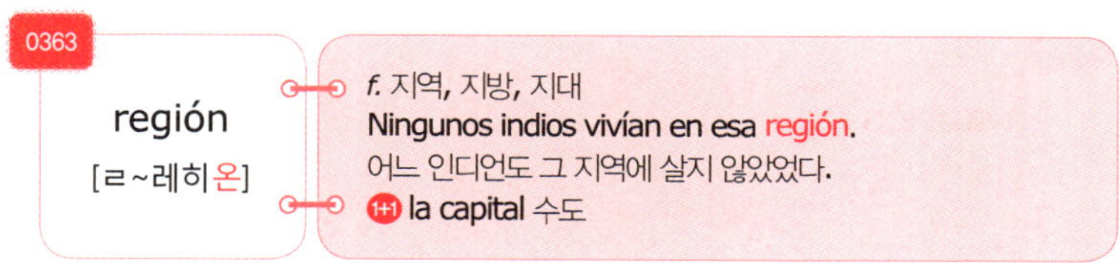

0363

región
[ㄹ~레히**온**]

f. 지역, 지방, 지대
Ningunos indios vivían en esa **región**.
어느 인디언도 그 지역에 살지 않았었다.
1+1 la capital 수도

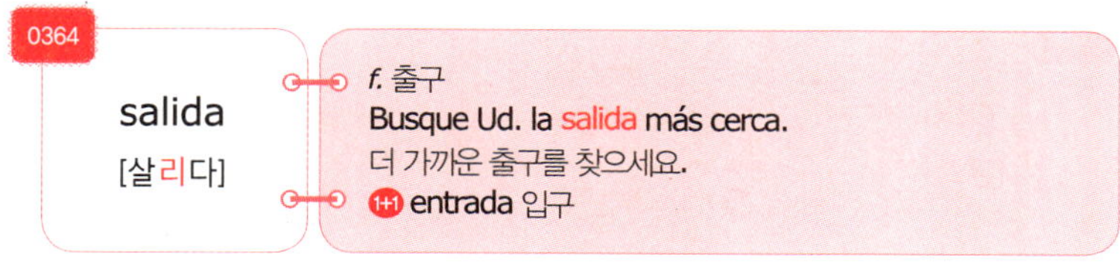

0364

salida
[살**리**다]

f. 출구
Busque Ud. la **salida** más cerca.
더 가까운 출구를 찾으세요.
1+1 entrada 입구

0365

cuesta
[꾸에스따]

f. 비탈(길)
El tren subía cuesta arriba.
기차는 비탈길로 올라간다.
1+1 acantilado 벼랑

0366

techo
[떼초]

m. 천장
El techo es bajo.
천장은 낮다.
1+1 suelo 바닥

0367

bosque
[보스께]

m. 숲, 덤불
Hay muchos árboles en el bosque.
숲에는 많은 나무가 있다.
1+1 campo 들판

0368

estacionamiento
[어스따시오나미엔또]

m. 주차, 주차장
Es difícil encontrar estacionamiento en el centro
de la ciudad.
시내에서 주차장을 찾는 것을 어렵다.
1+1 aparcamiento en la vía pública 노상 주차

0369

mueble
[무에블레]

m. 가구, 집세간
En español solo los animales y muebles tienen patas.
스페인어로 동물과 가구만이 pata(다리)를 가지고 있다.
1+1 amueblado 가구가 비치된

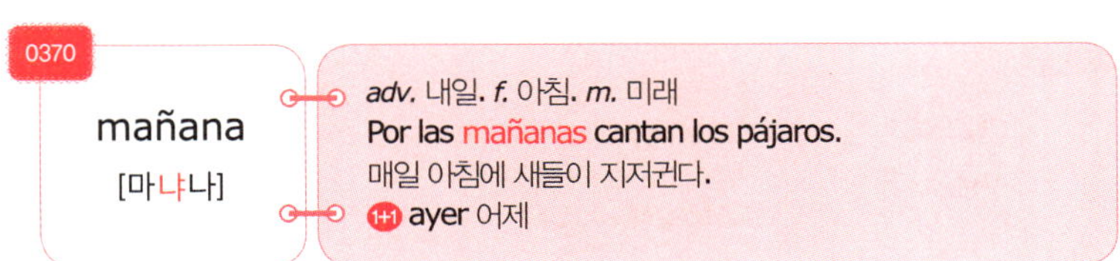

0370

mañana
[마**냐**나]

adv. 내일. *f.* 아침. *m.* 미래
Por las mañanas cantan los pájaros.
매일 아침에 새들이 지저귄다.
1+1 ayer 어제

0371

paloma
[**빨**로마]

f. 비둘기
Esta paloma debe estar enferma.
이 비둘기는 아픈 것 같다.
1+1 águila 독수리

0372

bello
[베**요**]

adj. 아름다운, 멋진
El jardín es bello.
정원은 아름답다.
1+1 feo 못생긴

0373

océano
[오**쎄**아노]

m. 대양
El buque cruza el océano.
배는 대양을 횡단한다.
1+1 pozo 우물

0374

grano
[그**라**노]

m. 곡식 알갱이
Los pollos pican los granos de maíz cuando comen.
병아리들은 먹을 때, 옥수수 알갱이들을 쫓는다.
1+1 granizo 우박

0375 pato [빠또]

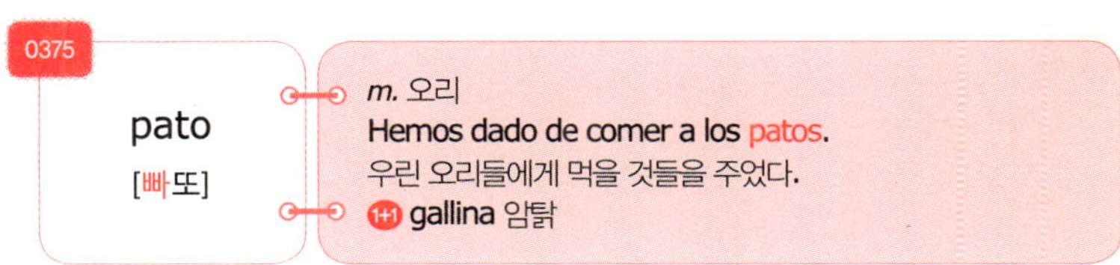

m. 오리
Hemos dado de comer a los patos.
우린 오리들에게 먹을 것들을 주었다.
1+1 gallina 암탉

0376 cabra [까브라]

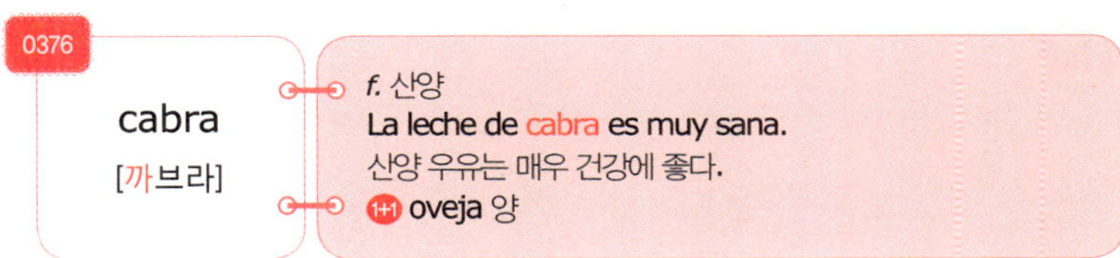

f. 산양
La leche de cabra es muy sana.
산양 우유는 매우 건강에 좋다.
1+1 oveja 양

0377 buzón [부쏜]

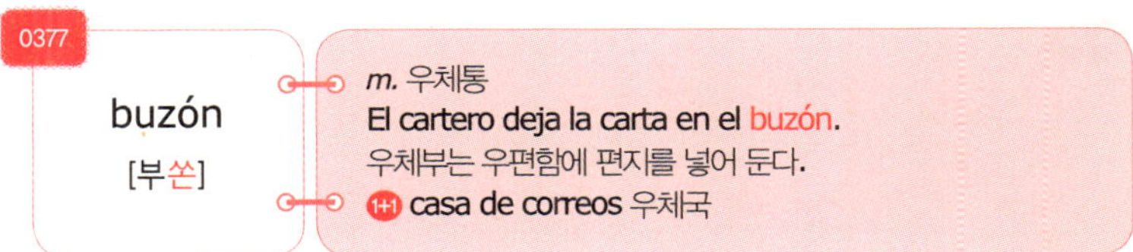

m. 우체통
El cartero deja la carta en el buzón.
우체부는 우편함에 편지를 넣어 둔다.
1+1 casa de correos 우체국

0378 pelea [뻴레아]

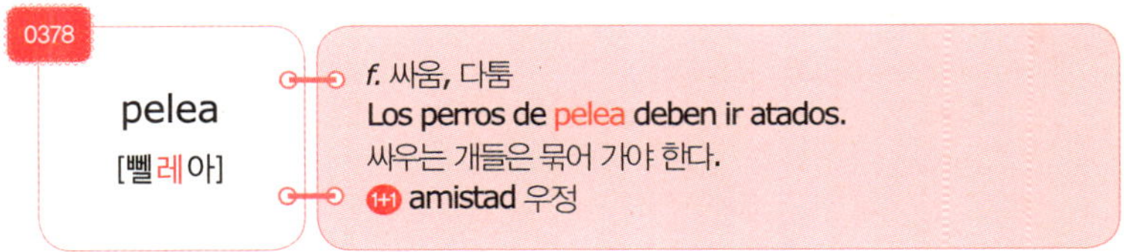

f. 싸움, 다툼
Los perros de pelea deben ir atados.
싸우는 개들은 묶어 가야 한다.
1+1 amistad 우정

0379 olfato [올파또]

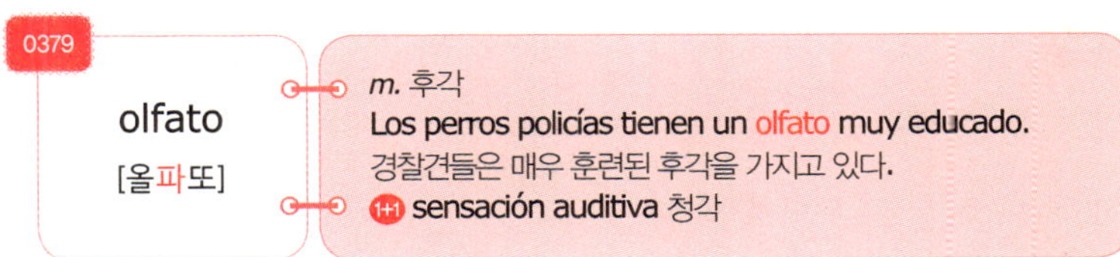

m. 후각
Los perros policías tienen un olfato muy educado.
경찰견들은 매우 훈련된 후각을 가지고 있다.
1+1 sensación auditiva 청각

0380

silvistre
[실비스뜨레]

adj. (식물) 야생의
Muchas plantas silvistres están desapareciendo.
많은 야생 식물들이 사라지고 있다.
1+1 salvaje (동물) 야생의

0381

hondo
[온도]

adj. 깊은, 심오한
Los platos hondos están en el armario.
그릇은 장식장에 있다.
1+1 pando 깊지 않은, 완만한

0382

jaula
[하울라]

f. (동물, 새) 우리
En el zoológico viven los lobos y los zorros en jaulas.
동물원의 우리에 늑대들과 여우들이 산다.
1+1 prisión 감옥

0383

raíz
[르~라이쓰]

f. 뿌리
Los árboles echaron raíses.
나무들은 뿌리를 내렸다.
1+1 tronco (나무) 줄기

0384

gusano
[구사노]

m. 지렁이, 송충이
Las cigüeñas se alimentan de ranas y gusanos.
황새는 개구리와 지렁이를 먹이로 한다.
1+1 imago (곤충) 성충

0385

insecto
[인섹또]

m. 벌레
Los insectos han estropeado la cosecha.
벌레는 수확물을 망쳤다.
1+1 larva 애벌레

0386

pollo
[뽀요]

m. 닭고기, 병아리
Me gusta el arroz con pollo.
나는 닭고기를 곁들인 밥을 좋아한다.
1+1 gallo 수탉

0387

conocido
[꼬노씨도]

adj. 유명한, 알려진
Pamplona es una ciudad conocida por sus fiestas.
빰쁠로나는 축제로 유명한 도시이다.
1+1 famoso 유명한

0388

comunidad
[꼬무니닫]

f. 공동체, 단체, 공통성
Los vecinos de este barrio han formado una comunidad.
이 지역의 이웃들은 한 공동체를 만들어왔다.
1+1 individuo 개인

0389

suburbio
[숩우르비오]

m. 외곽, 시외
Las empresas industriales están en los suburbios
de Valencia.
산업회사들은 발렌시아의 외곽에 있다.
1+1 centro de la ciudad 시내

0390

alcalde
[알**깔**데]

m. 시장, 촌장
El **alcalde** ha inaugurado el nuevo ayuntamiento.
시장님은 새로운 시청을 개원했다.
1+1 **ciudadano** 시민

0391

población
[뽀블라씨**온**]

f. 인구
Madrid y Barcelona son las ciudades de mayor **población** de España.
마드리드와 바르셀로나는 스페인의 가장 인구가 많은 도시들이다.
1+1 **densidad de población** 인구밀도

0392

sitio
[**시**띠오]

m. 장소, 공간
En esta ciudad no había mucho **sitio** para construir más casas.
이 도시는 더 많은 집들을 짓기에 많은 공간을 가지고 있지 않았다.
1+1 **espacio** 공간, 우주

0393

rural
[르~루**랄**]

adj. 시골의, 전원의
La vida **rural** es muy tranquila.
시골의 삶은 매우 조용하다.
1+1 **cívico** 도시의

0394

traidor
[뜨라이**도**르]

m. 배반자, 반역자
El **traidor** se acuerda con los contrarios
배반자는 적들과 내통한다.
1+1 **mártir** 순교자(*m.f.*)

0395

avenida
[아베니다]

f. 가로수길, 큰 길
El edificio está cerca de la avenida Sejong.
건물은 세종로 가까이에 있다.
1+1 pasillo 복도

0396

puro
[뿌로]

adj. 맑은, 깨끗한
En el campo el aire es más puro que en la ciudad.
시골에서의 공기는 도시에서보다 더 깨끗하다.
1+1 sucio 더러운

0397

pesca
[뻬스까]

f. 낚시
La contaminación de los mares han dañado la pesca.
바다의 오염은 낚시에 악 영향을 줬다.
1+1 caza 사냥

0398

manifestación
[마니페스따씨온]

f. 시위, 성명, 표명
La manifestación de hoy ha sido contra las centrales nucleares.
오늘의 시위는 핵시설에 반대하는 것이었다.
1+1 secreto 비밀

0399

solar
[솔라르]

adj. 태양의
La energía solar se tiene que desarrollar todavía más.
태양에너지는 아직 더 발전되야 한다.
1+1 lunar 달의, 음력의

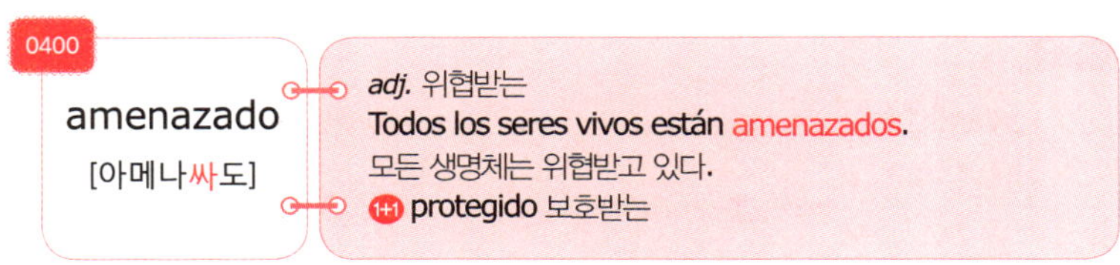

0400
amenazado
[아메나**싸**도]

adj. 위협받는
Todos los seres vivos están amenazados.
모든 생명체는 위협받고 있다.
1+1 protegido 보호받는

0401
afición
[아피씨**온**]

m. 취미, 애호
Ella pinta de afición.
그녀는 취미로 그림을 그린다.
1+1 especialidad 특기

0402
químico
[**끼**미꼬]

adj. 화학의
Los productos químicos pueden perjudicar la naturaleza.
화학제품은 자연에 해를 입힐 수 있다.
1+1 fisical 물리의

0403
agujero
[아구**헤**로]

m. 구멍
El agujero de ozono es una consecuencia de la contaminación del aire.
오존층의 구멍은 공기 오염의 결과이다.
1+1 cueva 굴

0404
reciclaje
[ㄹ~레씨끌**라**헤]

m. 재활용
Con el reciclaje de algunos productos se pueden ahorrar materias primas.
몇몇 제품의 재활용으로 원자재를 절약할 수 있다.
1+1 utilización 활용

0405

harto
[아르또]

- *adj.* 지루한, 따분한, 지겨운, 힘든
Ya está harto de tanto campo.
이제 그런 시골은 지겹다.
- **1+1** feliz 즐거운

0406

problema
[쁘로블레마]

- *m.* 문제, 골칫거리
Por muchos problemas que causen, hay que contar con ellas.
아무리 많은 문제가 일어날 지라도, 문제를 고려해야 한다.
- **1+1** buena suerte 행운

0407

núcleo
[누끌레오]

- *m.* 핵, 중심
Más del 80% de la población de la Unión Europea vive en núcleos urbanos.
유럽연합 인구의 80% 이상이 도심에 산다.
- **1+1** afueras 주변(지역)

0408

solución
[솔루씨온]

- *f.* 해법, 해결
Volver al campo no es una solución global.
시골로 돌아가는 것은 세계적인 해결이 아니다.
- **1+1** fastidio 골칫거리

0409

fila
[필라]

- *f.* 열, 대열, 줄
Ellos aparcan en doble fila.
그들은 이(2)열로 주차를 한다.
- **1+1** línea 선

0410

respuesta
[ㄹ~레스뿌에스따]

f. 해답, 대답
La respuesta puede estar en la dirección contraria.
해답은 반대 방향에 있을 수 있다.
1+1 pregunta 질문

0411

síntesis
[신떼시스]

f. 합성, 조합, 결합
Convierten los núcleos urbanos en una nueva síntesis.
도심을 새로운 조합으로 바꾼다.
1+1 división 분할, 분열

0412

inquieto
[인끼에또]

adj. 불안한, 긴장한
Las ciudades tenían poco que ofrecer
a las generaciones más inquietas.
도시들은 더 불안해하는 세대들에게 줄 수 있는 것이 거의 없
었다.
1+1 seguro 안전한

0413

ecológico
[에꼴로히꼬]

adj. 환경의, 유기농의, 생태학의
Trata de sacarle el máximo partido ecológico al espacio.
최고의 환경운동을 공간으로 꺼내려고 해라.
1+1 químico 화학(의)

0414

zanahoria
[싸나오리아]

f. (채소) 당근
¿Te gustan las zanahorias?
넌 당근을 좋아하니?
1+1 cebolla 양파

0415

conquistado
[꼰끼스따도]

adj. 점령된, 통치된
Vamos a ajardinar terrenos conquistados
a los edificios y calles.
우리는 건물과 길에 점령되어 있는 땅을 녹지화할 것이다.
1+1 libre 자유로운, 해방된

0416

mayoría
[마요리아]

f. 다수, 대부분
La mayoría de las personas no vive en pueblo pequeños.
대부분의 사람은 작은 마을에 살지 않는다.
1+1 minoría 소수의

0417

prueba
[쁘루에바]

f. 시험, 테스트
La prueba tiene 3 partes: debo escribir 3 textos.
시험은 3파트로 되어 있다. 3개의 텍스트를 써야 한다.
1+1 examen 시험

0418

formulario
[포르물라리오]

m. 양식, 형식
Hay un formulario que debo completar.
채워야 하는 양식이 있다.
1+1 regla 규칙

0419

diccionario
[딕씨오나리오]

m. 사전
No puede usar un diccionario en el examen
시험에서 사전을 사용할 수 없다.
1+1 revista 잡지

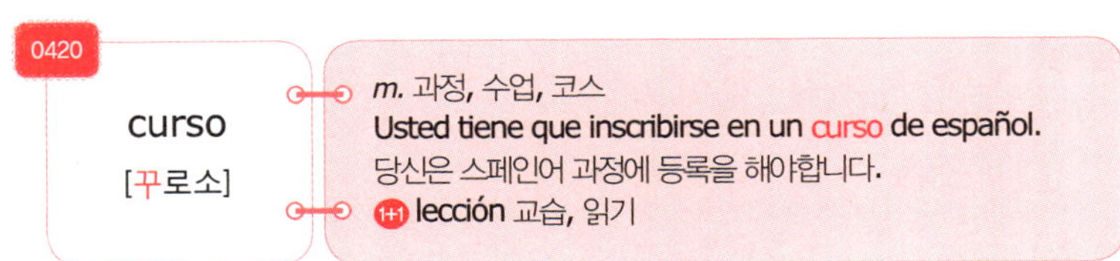

0420

curso
[꾸로소]

m. 과정, 수업, 코스
Usted tiene que inscribirse en un curso de español.
당신은 스페인어 과정에 등록을 해야합니다.
1+1 lección 교습, 읽기

0421

cultural
[꿀뚜랄]

adj. 문화의
¿Desea realizar actividades culturales fuera de clase?
당신은 교실 밖에서 문화체험을 하길 원하는가?
1+1 primitivo 원시의

0422

anuncio
[아눈씨오]

m. 광고, 선전, 안내
Escriba una nota para un tablón de anuncios.
광고란에 쓸 메모(어구)를 쓰세요.
1+1 propaganda 선전

0423

senderismo
[센데리스모]

m. 하이킹
Allí podemos hacer senderismo o nadar, si quieres.
우리는 하이킹 또는 수영을 할 수 있어, 만약 네가 원한다면.
1+1 recorrido 돌아다니기, 노정

0424

terraza
[떼 ㄹ~라싸]

f. 테라스
La casa es grande, tiene cuatro dormitorios
y una terraza incréble.
집은 크고 방이 4개가 있다고 해, 그리고 멋진 테라스도 있고.
1+1 balcón 발코니

0425

aviso
[아비소]

m. 안내, 경고
Usted debe leer los avisos y las frases.
당신은 안내와 어구를 읽어야 합니다.
1+1 advertencia 경고

0426

pareja
[빠레하]

f. 커플, 짝
Somos una pareja joven.
우리는 젊은 커플입니다.
1+1 par (신발 등) 쌍

0427

época
[에뽀까]

f. 시대, 시기
En aquella época todo era felicidad.
그 시대에 모두는 행복했었다.
1+1 era 기원, 시대

0428

comodidad
[꼬모디닫]

f. 편의시설, 편의성
Antaño había pocas comodidades y la vida era muy dura.
전에는 편의시설이 거의 없었고, 삶은 매우 힘들었었다.
1+1 dificultad 어려움, 곤란

0429

contra
[꼰뜨라]

prep. ~반대에
Actuó en contra de su jefe y por eso lo despedieron.
그는 그의 사장의 뜻에 반하여 행동했다. 결국 그에게 작별을 고했다.
1+1 aprobador 동의하는, 찬성하는

0430

excursión
[엑쓰꾸르시온]

f. 소풍, 탐험
En la excursión lo pasamos muy bien.
여행에서 매우 잘 보냈다.
1+1 viaje 여행

0431

En cuanto
[엔 꽌또]

adv. ~하자마자
En cuanto supe la noticia, la llamé para saber cómo estaba.
소식을 알자마자, 어떻게 있는지 알게하기 위해 그녀에게 전화를 했다.
1+1 antes de ~전에

0432

visado
[비사도]

m. (여행, 취업 등) 비자
En cuanto al problema de los visados, ya he hablado con la embajada.
비자문제에 관해, 이미 대사관과 이야기를 했다.
1+1 pasaporte 여권

0433

breve
[브레베]

adj. 간단한, 간결한
Todo se solucionará en breve.
모든 것이 간단하게 해결될 것이다.
1+1 complicado 복잡한

0434

bolsa
[볼사]

f. 가방, 큰 봉투, 주식
No vamos a invertir en bolsa.
우리는 주식에 투자하지 않을 것이다.
1+1 título valor 유가 증권

0435

talento
[딸렌또]

m. 재능, 재주
Me parecen muy interesantes sus talentos.
난 당신의 재능들이 매우 흥미 있습니다.
1+1 flaco 약점

0436

llave
[야베]

f. 열쇠, 키
He dejado las llaves dentro.
난 안에 열쇠를 두었다.
1+1 la clave 힌트, 열쇠

0437

medida
[메디다]

f. 방법, 수단
Haremos lo que propones en la medida en cue nos sea posible.
우리에게 가능할 수 있는 방법으로 네게 제안한 것을 우리가 할 것이다.
1+1 modo 방법, 수단

0438

atentamente
[아뗀따멘떼]

adv. 정중하게
Le saluda atentamente.
그에게 정중하게 인사해라.
1+1 distraídamente 정신없이

0439

fallando
[파얀도]

ger. 죽어가는(fallar 현재분사형)
Hace unos días que anda fallando.
몇 일 전부터 죽어간다.
1+1 vivo 살아있는

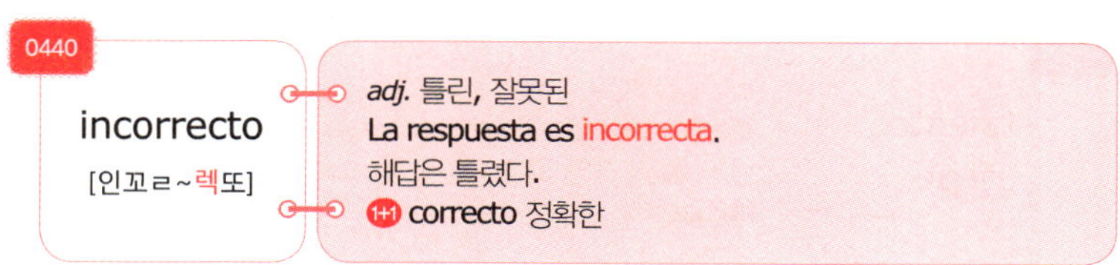

0440

incorrecto
[인꼬ㄹ~렉또]

adj. 틀린, 잘못된
La respuesta es incorrecta.
해답은 틀렸다.
1+1 correcto 정확한

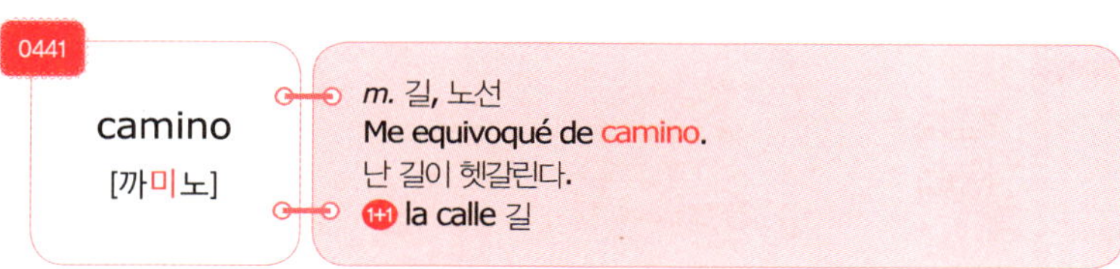

0441

camino
[까미노]

m. 길, 노선
Me equivoqué de camino.
난 길이 헷갈린다.
1+1 la calle 길

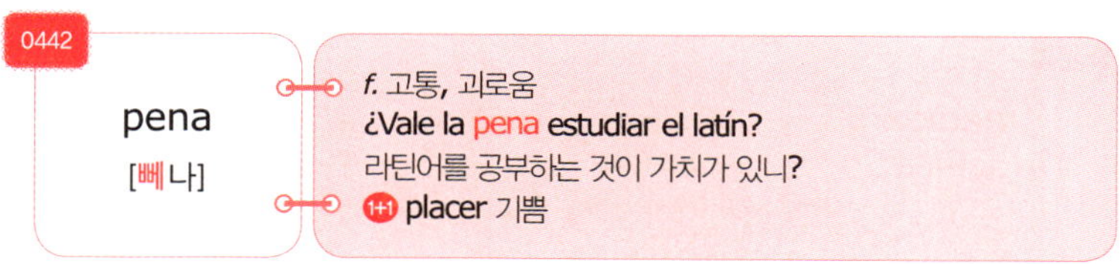

0442

pena
[뻬나]

f. 고통, 괴로움
¿Vale la pena estudiar el latín?
라틴어를 공부하는 것이 가치가 있니?
1+1 placer 기쁨

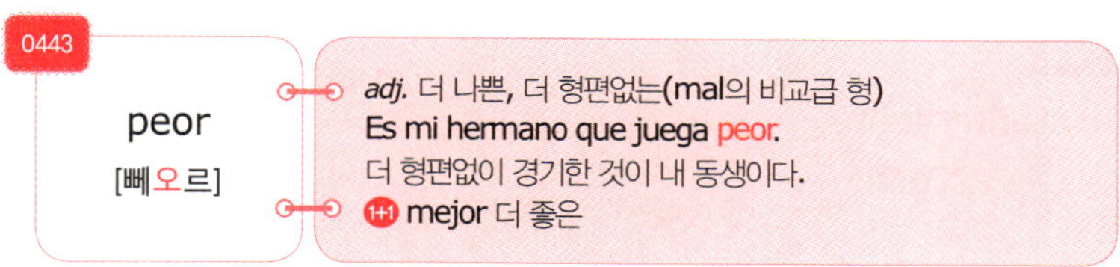

0443

peor
[뻬오르]

adj. 더 나쁜, 더 형편없는(mal의 비교급 형)
Es mi hermano que juega peor.
더 형편없이 경기한 것이 내 동생이다.
1+1 mejor 더 좋은

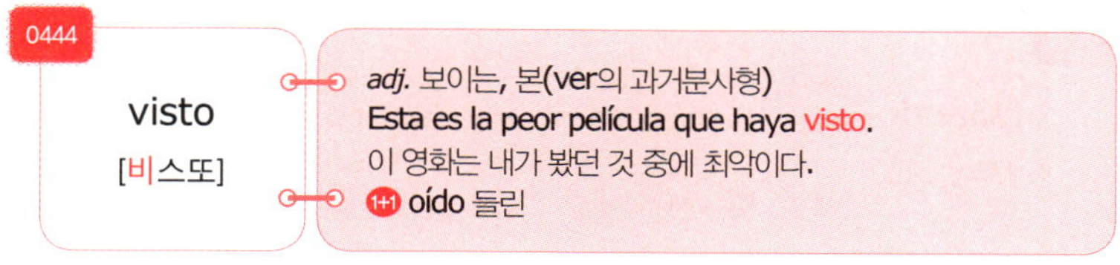

0444

visto
[비스또]

adj. 보이는, 본(ver의 과거분사형)
Esta es la peor película que haya visto.
이 영화는 내가 봤던 것 중에 최악이다.
1+1 oído 들린

0445

bota
[**보**따]

f. 장화, 부츠
Sus **botas** están estropeadas.
그의 장화는 망가졌다.
1+1 sandalia 샌들

0446

ascensor
[아스쎈**소**르]

m. 엘레베이터
El **ascensor** no funciona bien.
엘리베이터는 잘 작동되지 않는다.
1+1 escalera mecánica 에스컬레이터

0447

cántaro
[**깐**따로]

m. 단지, 물단지
Está lloviendo a **cántaros**.
비가 엄청나게 오고 있다.
1+1 cucharón (de calabaza) 바가지

0448

viajero
[비아**헤**로]

m. 여행객
Los **viajeros** cuyas maletas se perdieron.
여행객들은 그들의 가방을 잃어버렸다.
1+1 el(la) turista 여행객

0449

cuchillo
[꾸**치**요]

m. 칼, 나이프
¿De quién es este **cuchillo**?
이 나이프는 누구 것이니?
1+1 cuchara 숟가락

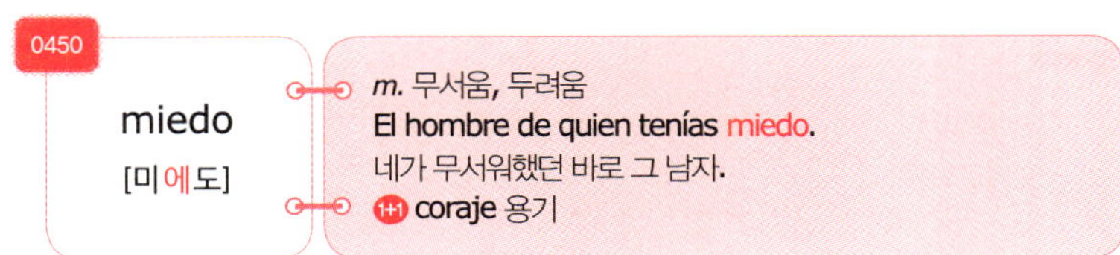

0450

miedo
[미에도]

m. 무서움, 두려움
El hombre de quien tenías miedo.
네가 무서워했던 바로 그 남자.
1+1 **coraje** 용기

0451

física
[피시까]

f. 물리(학)
Ella estudia el francés mientras que su hermano
estudia física.
그녀는 그의 동생이 물리를 공부하는 동안 프랑스어를 공부했다.
1+1 **biología** 생물(학)

0452

preferido
[쁘레페리도]

adj. 선호하는, 더 좋아하는
¿Cuáles son tus películas preferidas?
네가 선호하는 영화는 어떤 것들이니?
1+1 **malquisito** 미워하는

0453

domicilio
[도미씰리오]

m. 집, 자택, 주소, 거주
¿Cuál es tu domicilio aquí en Quito?
여기 끼또에서 네 집은 어떤 것이니?
1+1 **dirección** 주소

0454

acogida
[아꼬히다]

f. 환대, 맞이
Me dispensaron una calurosa acogida.
그들은 나에게 따뜻한 환대를 베풀었다.
1+1 **exclusión** 배척

0455

disposición
[디스뽀시씨온]

f. 배열, 배치, 배려
Mi coche estáa tu disposición.
내차를 네가 사용해도 좋다.
1+1 desunión 분열

0456

pérdida
[뻬르디다]

f. 손실, 낭비, 손해
Es una pérdida de tiempo.
시간 낭비이다.
1+1 beneficio 이익

0457

esfuerzo
[에스푸에르쏘]

m. 노력
Es un esfuerzo inútil.
노력이 헛되다.
1+1 pereza 게으름

0458

bastante
[바스딴떼]

adv. 충분히, 너무 *adj.* 충분한, 넉넉한
El agua está bastante caliente.
물은 너무 뜨겁다.
1+1 insuficiente 부족한

0459

pared
[빠렏]

f. 벽
Hay cuadros en la pared.
벽에는 그림들이 있다.
1+1 valla 울타리

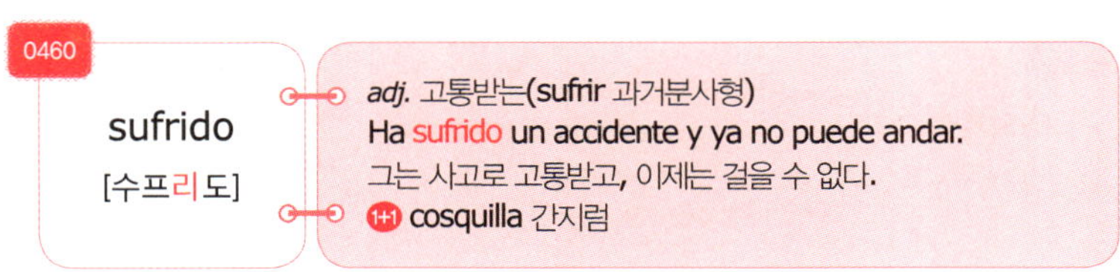

0460 sufrido
[수프리도]

adj. 고통받는(sufrir 과거분사형)
Ha **sufrido** un accidente y ya no puede andar.
그는 사고로 고통받고, 이제는 걸을 수 없다.
1+1 cosquilla 간지럼

0461 orilla
[오리야]

f. (강) 변, 끝, 가장자리
Caminaba a **orillas** del río.
강변에서 걸었다.
1+1 rivera 개천, 개울

0462 vuelta
[부엘따]

f. 회전, 선회
¿Quieres dar una **vueltas**?
넌 회전하길 원하니?
1+1 recto 곧은, 똑바른

0463 punto
[뿐또]

m. 점, 마침표
Estaba a **punto** de echarse a llorar.
막 울음을 터트리려 했었다.
1+1 coma 쉼표

0464 preso
[쁘레소]

m. 재소자, 수감자, 포로
Varios **presos** se han escapado.
많은 재소자들이 탈출했다.
1+1 carcelero 간수

0465

ya
[야]

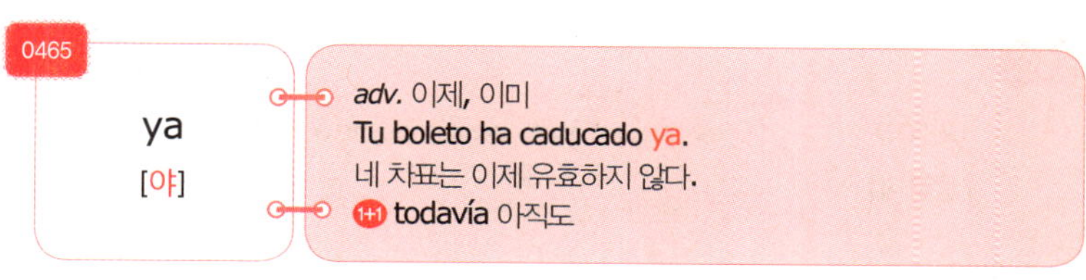

adv. 이제, 이미
Tu boleto ha caducado ya.
네 차표는 이제 유효하지 않다.
1+1 todavía 아직도

0466

vanidoso
[바니도소]

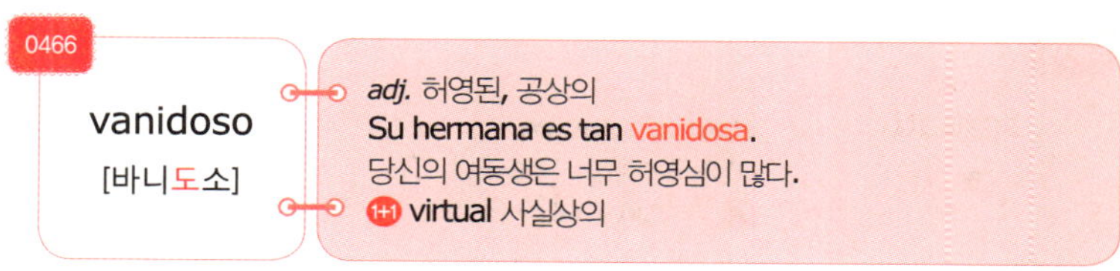

adj. 허영된, 공상의
Su hermana es tan vanidosa.
당신의 여동생은 너무 허영심이 많다.
1+1 virtual 사실상의

0467

vigente
[비헨떼]

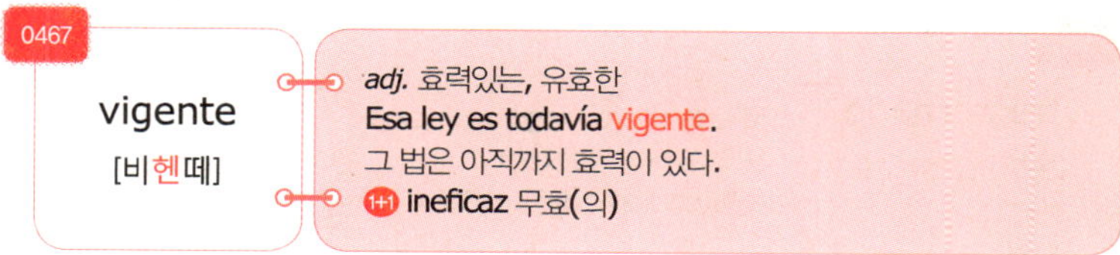

adj. 효력있는, 유효한
Esa ley es todavía vigente.
그 법은 아직까지 효력이 있다.
1+1 ineficaz 무효(의)

0468

vacante
[바깐떼]

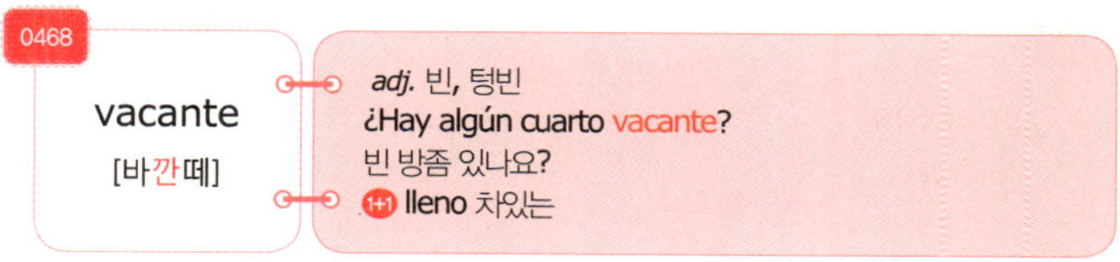

adj. 빈, 텅빈
¿Hay algún cuarto vacante?
빈 방좀 있나요?
1+1 lleno 차있는

0469

pañuelo
[빠뉴엘로]

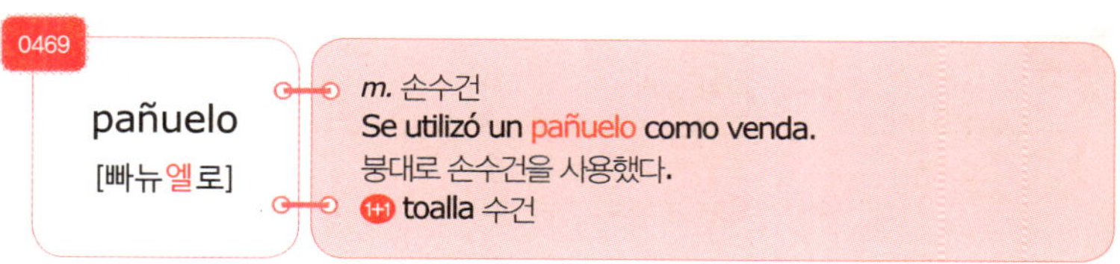

m. 손수건
Se utilizó un pañuelo como venda.
붕대로 손수건을 사용했다.
1+1 toalla 수건

0470

clima
[끌리마]

m. 기후, 날씨
Todavía no está acostumbrado a este clima.
아직 이 기후에 적응하지 못했다.
1+1 temperatura 기온

0471

aparato
[아빠라또]

m. 기구, 도구
¿De qué sirve ese aparato?
이 기구는 무엇에 사용되는지?
1+1 instrumento 도구, 기계

0472

trastornado
[뜨라스또르나도]

adj. 뒤틀린, 꼬인
Tiene el estómago trastornado.
(그는) 배가 뒤틀려한다.
1+1 tendido 펼쳐진, 늘어진

0473

apurado
[아뿌라도]

adj. 괴로운, 어려운, 가난한
Su madre está muy apurada.
그의 어머니는 매우 괴로워한다.
1+1 fácil 쉬운

0474

conducta
[곤둑따]

f. 행동, 행실
Estaba enfadado por su conducta.
그의 행동 때문에 화가 나 있었다.
1+1 comportamiento 행실

0475

inoportuno
[인오뽀르뚜노]

adj. 적절치 않은
Hice una observación inoportuna.
적절치 못한 의견을 냈다.
1+1 adecuado 적절한

0476

prohibido
[쁘로이비도]

adj. 금지된 (prohibir 과거분사형)
Prohibido girar a la derecha.
오른쪽으로 선회하는 것은 금지이다.
1+1 permitido 허가된

0477

enfermedad
[엔페르메닫]

f. 질병, 질환
Ella tiene una enfermedad cardíaca.
그녀는 심장병이 있다.
1+1 salud 건강

0478

avería
[아베리아]

f. 고장, 파손
El avión tiene una avería del motor.
비행기는 엔진 고장이다.
1+1 reparación 수리

0479

calcetín
[깔쎄띤]

m. 양말
Se olvidó de lavar los calcetines.
양말 빨래하는 것을 깜빡했다.
1+1 medias 스타킹

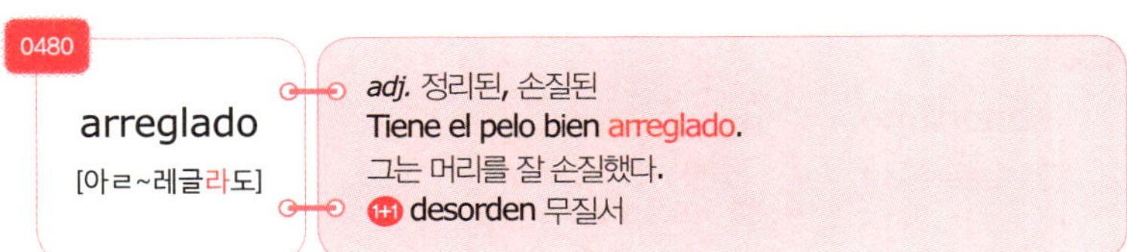

0480

arreglado
[아ㄹ~레글라도]

adj. 정리된, 손질된
Tiene el pelo bien arreglado.
그는 머리를 잘 손질했다.
1+1 desorden 무질서

0481

puesto
[뿌에스또]

m. 자리, 위치, 지위
Consiguió el puesto debido a su hermana.
그의 여동생 때문에 그 자리를 차지했다.
1+1 puesta 작동, 조정

0482

guante
[관떼]

m. 장갑
Mi esposa prefiere aquellos guantes.
내 와이프는 저 장갑을 더 좋아한다.
1+1 bufanda 목도리

0483

padrino
[빠드리노]

m. (천주교) 대부
Invitaron a sus padrinos.
그들은 대부님 부부를 초대했다.
1+1 madrina 대모

0484

sangre
[상그레]

f. 피
Me hicieron un análisis de sangre.
그들은 내 피 검사를 했다.
1+1 arteria 동맥

0485

calentura
[깔렌**뚜**라]

f. 열, 뜨거움
Tengo calentura de treinta y nueve grados centígrados.
난 39도의 열이 있다.
1+1 frialdad 냉기, 차가움

0486

temperatura
[뗌뻬라**뚜**라]

f. 기온, 온도
Registró ayer una temperatura de treinta grados.
어제는 기온이 30도를 기록했다.
1+1 bajo cero 영하

0487

tintorería
[띤또레**리**아]

f. 세탁소, 염색집
Llevé el traje a la tintorería.
난 정장을 세탁소로 가져갔다.
1+1 papelería 문방구

0488

pésame
[**뻬**사메]

m. 애도, 슬픔
Te doy el pésame por la muerte de tu hijo.
난 네게 네 아들의 죽음에 애도를 보낸다.
1+1 felicidad 기쁨

0489

sospechoso
[소스뻬**초**소]

adj. 의심스러운, 수상한
Su conducta fue sospechosa.
당신의 행동이 수상했다.
1+1 evidente 확실한

0490

columna
[꼴**룸**나]

f. (원형) 기둥
El tejado descansa sobre seis columnas.
지붕은 6개의 지붕 위에 얹혀있다.
1+1 eje 축, 중심선

0491

proyecto
[쁘로**엑**도]

m. 계획, 프로젝트
Sus proyectos salieron bien.
당신의 계획들은 잘 이행되었다.
1+1 plan 계획

0492

lago
[라고]

m. 호수
Damos una vuelta por el parque cerca del lago los domingos.
매주 일요일에 호수 가까운 공원에서 한 바퀴를 돈다.
1+1 arroyo 개울

0493

seguido
[세**기**도]

adj. 계속된, 연이어지는, 똑바로 된
El aeropuerto se encuentra todo seguido.
공항은 직진방면에 있다.
1+1 pausado 느린, 더딘

0494

importancia
[임뽀르**딴**씨아]

f. 중요성, 중요함.
Subrayó su importancia.
그는 자신의 중요성을 강조했다.
1+1 residuo 찌꺼기

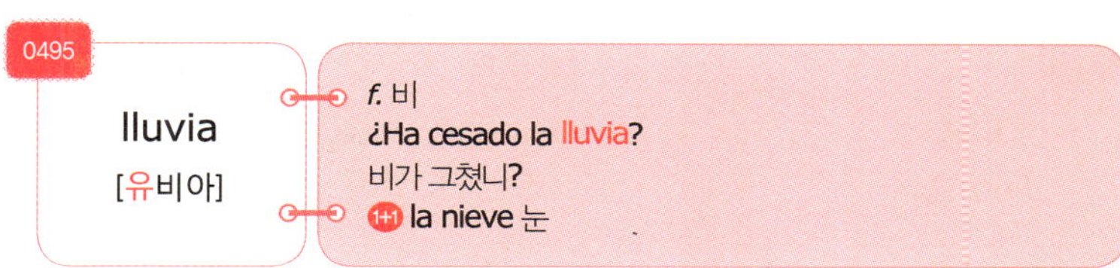

0495 lluvia
[유비아]

f. 비
¿Ha cesado la lluvia?
비가 그쳤니?
1+1 la nieve 눈

0496 caracol
[까라꼴]

m. 달팽이, 원형
Hay una escalera de caracol en casa.
집에 원형 계단이 있다.
1+1 langosta 가재

0497 disponible
[디스뽀니블레]

adj. 자유로이 처리할 수 있는
¿Tienen unas habitaciones disponibles?
사용 가능한 방들이 있습니까?
1+1 oponible 반대할 수 있는

0498 sobrante
[소브란떼]

adj. 잔여의, 여분의
Tengo unas papas sobrantes.
난 나머지 감자들을 가지고 있다.
1+1 careciente 부족한

0499 antes
[안떼스]

adv. (시간적으로) 앞서, 앞에
Puedes venir aquí cuanto antes.
너는 이곳에 가능한 빨리 와라.
1+1 después 뒤에

0500

ciruela
[씨루엘라]

f. 자두
Hay algunas ciruelas en la mesa.
몇 개의 자두들이 책상 위에 있다.
1+1 pera 배

0501

motivo
[모띠보]

m. 동기, 이유
Tengo buenos motivos para creer que dice mentiras.
그가 거짓말한다는 것을 증명하는 많은 이유가 있다.
1+1 causa 원인

0502

estatua
[에스따뚜아]

f. (조각) 상, 조상(彫像)
La estatua es de plata maciza.
조각상은 은으로 도배되었다.
1+1 la torre 탑

0503

modo
[모도]

m. 방법, 방식
El taxi llegó tarde de modo que perdimos el tren.
택시가 늦게 도착해서 기차를 놓쳤다.
1+1 método 방식

0504

olor
[올로르]

m. 냄새, 향
Esta rosa no tiene olor.
이 장미는 향기가 없다.
1+1 sabor 맛

0505

retraso
[ㄹ~레뜨라소]

- *m.* 지각, 지체, 지연
- Lleva cinco minutos de retraso.
- 지각하기 까지 너에게 5분이라는 시간이 있다.
- **1+1** rapidez 신속함

0506

atentado
[아뗀따도]

- *m.* 폭력사태, 반역(죄)
- Una pronta acción de parte del guardía evitó el atentado.
- 재빠른 행동이 경찰관이 폭력사태를 막게 해주었다.
- **1+1** represión 진압

0507

talla
[따야]

- *f.* 사이즈, 치수
- ¿Qué talla de camisa es la tuya?
- 너의 티셔츠 사이즈는 몇이니?
- **1+1** tamaño 치수

0508

función
[푼씨온]

- *f.* 기능, 일, 임무
- La última función empieza a las diez.
- 마지막 임무는 10시에 시작한다.
- **1+1** misión 임무

0509

alberca
[알베르까]

- *f.* 저수지
- Hay varias personas en la alberca.
- 저수지에는 많은 사람들이 있다.
- **1+1** charco 웅덩이

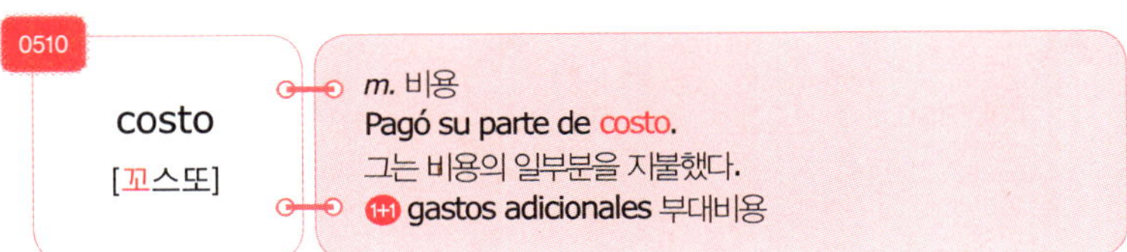

0510

costo
[꼬스또]

m. 비용
Pagó su parte de costo.
그는 비용의 일부분을 지불했다.
1+1 gastos adicionales 부대비용

0511

tiro
[띠로]

m. 발사, 발포, 투척, 던지는 일
Un guardía fue matado a tiros.
경비는 총으로 죽임을 당했다.
1+1 recibo 수령, 수취

0512

susceptible
[수수쎕띠블레]

adj. 민감한, (영향받기) 쉬운
Son susceptibles a la crítica.
그들은 비평에 민감하다.
1+1 opaco 명석하지 못한

0513

sensible
[센시블레]

adj. 민감한, 분별이 있는
Es sensible al frío.
(그는) 추위에 민감하다.
1+1 insensible 둔한

0514

lesión
[레시온]

f. 손상, 상처
Nuestro portero sufrió una lesión grave.
우리 수위는 큰 부상으로 고통 받고 있다.
1+1 herida 상처

0515

categoría
[까떼고리아]

f. 종류, 부류, 등급, 신분
Tiene categoría superior a la mía.
그는 내것보다 질 높은 물건을 갖고 있어.
1+1 extensión 범위

0516

orden
[오르덴]

f. 명령, 주문. *m.* 순서, 질서
Según la orden saldré a las once.
명령에 따라 11시에 떠날 것이다.
1+1 aceptación 접수

0517

localidad
[로깔리닫]

f. 지방, 마을, 현장, 입장권
Quiero dos localidades para mañana.
나는 내일까지 2개의 관람권을 원한다.
1+1 extranjero 외국(의)

0518

autoservicio
[아우또세르비씨오]

m. 셀프서비스
En nuestra cafetería, comemos con el autoservicio.
우리들의 식당에서는 셀프서비스를 이용하여 먹는다.
1+1 deservidor 의무 불이행자

0519

estilo
[에스띨로]

m. 방식, 스타일
Dicen que ese estilo es muy popular.
점심식사 후에, 우리는 사과주스를 마신다.
1+1 personalidad 개성

0520

misión
[미시온]

m. 사절(단), 대표(단), 임무, 사명
Los bomberos salvaron la misión vieja.
소방관들은 나이든 사절(단)을 구출했다.
1+1 diplomático 외교관

0521

anticipación
[안띠씨빠씨온]

f. 미리하는 일, 앞당김
Ahorró tiempo sacando su boleto con anticipación.
티켓을 미리 예약해서 시간을 절약하다.
1+1 futuro 미래

0522

seguro
[세구로]

m. 안전, 확실. adj. 안전한, 확실한
Este puente no es muy seguro.
이 다리는 매우 안전하진 않다.
1+1 incertidumbre 불확실

0523

ileso
[일레소]

adj. 무사한, 다치지 않은
Todos los pasajeros salieron ilesos.
모든 승객들이 무사히 나왔다.
1+1 herido 다친

0524

fuera
[푸에라]

adv. 바깥에, 밖에, 이외에
Aquí estará fuera de peligro.
이곳은 위험한 지대 밖이다.
1+1 adentro 안쪽에

0525

venta
[벤따]

f. 판매(고), 매각
Ofrece una casa en venta de rebaja.
(그는) 집을 할인 판매로 제공한다.
1+1 compra 매입

0526

aceituna
[아쎄이뚜나]

f. 올리브(열매)
Se quedaron sin aceituna.
올리브(열매)가 없는 상태였다.
1+1 aceite de oliva 올리브유

0527

marcha
[마르차]

f. 진보, 출발, 진행
El motor estaba en marcha.
오토바이는 운전 중에 있었다.
1+1 detención 정지

0528

educado
[에두까도]

adj. 교육받은, 교양있는
Es una persoana muy mal educada.
매우 교양이 업는 사람이다.
1+1 desconsiderado 몰지각한

0529

huelga
[우엘가]

f. 파업, 휴업, 실업
La huelga arruinó la empresa.
파업이 회사를 파산시켰다.
1+1 desempleo 실업

0530
descortés
[데스꼬르떼스]
adj. 버릇없는, 예의 없는, 무례한
Estuviste muy descortés con ella.
너는 그녀와 매우 무례하게 굴었었다.
1+1 cortés 예의 바른

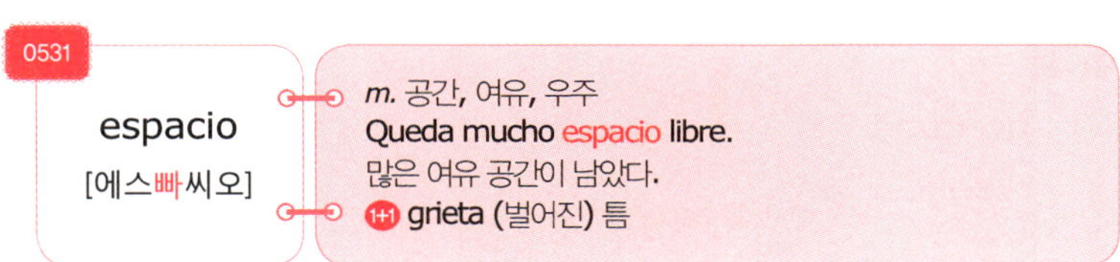

0531
espacio
[에스빠씨오]
m. 공간, 여유, 우주
Queda mucho espacio libre.
많은 여유 공간이 남았다.
1+1 grieta (벌어진) 틈

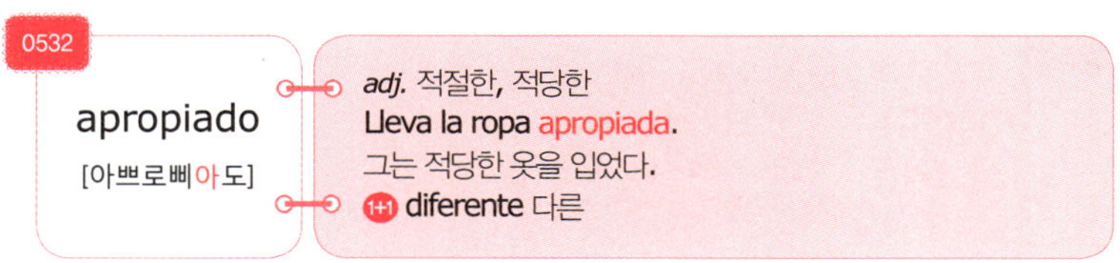

0532
apropiado
[아쁘로삐아도]
adj. 적절한, 적당한
Lleva la ropa apropiada.
그는 적당한 옷을 입었다.
1+1 diferente 다른

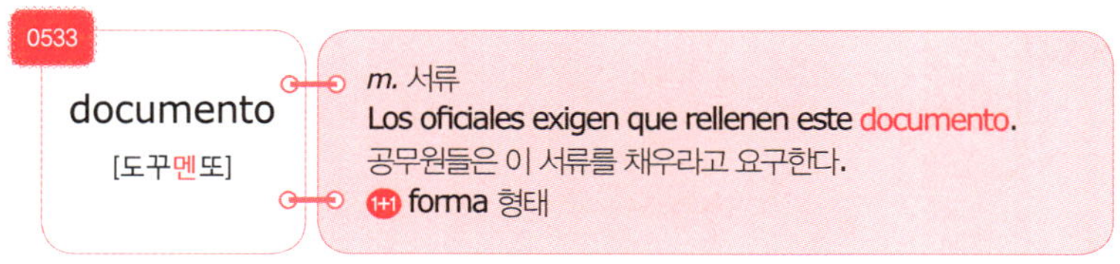

0533
documento
[도꾸멘또]
m. 서류
Los oficiales exigen que rellenen este documento.
공무원들은 이 서류를 채우라고 요구한다.
1+1 forma 형태

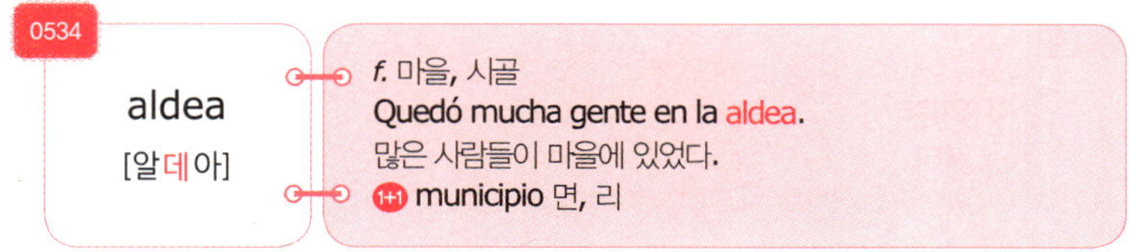

0534
aldea
[알데아]
f. 마을, 시골
Quedó mucha gente en la aldea.
많은 사람들이 마을에 있었다.
1+1 municipio 면, 리

0535

parentesco
[빠렌떼스꼬]

m. 일가, 혈연, 친척
¿Qué parentesco hay entre él y tu familia?
그와 너의 사이는 어떤 관련이 있니?
1+1 pariente 친척

0536

hecho
[에초]

m. 일, (기정) 사실
No tiene nada que ver con los hechos.
사실과 관련된 것은 아무것도 없다.
1+1 imaginación 가상, 상상

0537

acostumbrado
[아꼬스뚬브라도]

adj. 길들여진, 길든
Este es mi trabajo acostumbrado.
이것은 나의 익숙한 일이다.
1+1 patoso 어색한

0538

perdido
[뻬르디도]

adj. 버려진, 잃어버린
Tiene que recuperar un objeto perdido.
그/그녀는 잃어버린 물건을 찾아야 한다.
1+1 búsqueda 수색, 탐구

0539

operación
[오뻬라씨온]

f. 수술, 작업
Está reponiéndose poco a poco de la operación.
그/그녀는 수술에서 조금씩 건강을 회복하고 있다.
1+1 clínico 임상(의)

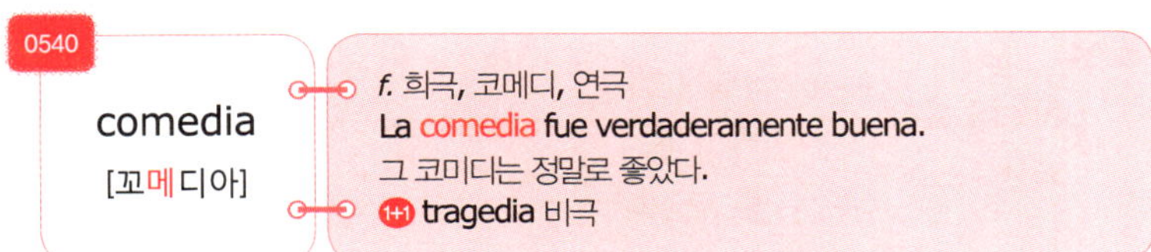

0540

comedia
[꼬메디아]

f. 희극, 코메디, 연극
La **comedia** fue verdaderamente buena.
그 코미디는 정말로 좋았다.
1+1 tragedia 비극

0541

ambición
[암비씨온]

f. 야심, 대망, 바람
Mis **ambiciones** se realizaron.
나의 야망은 실현되었다.
1+1 timidez 소심

0542

accesible
[악쎄시블레]

adj. 접근할 수 있는
Es fácilmente **accesible** con coche.
자동차로 쉽게 접근할 수 있다.
1+1 prohibido 금지된

0543

común
[꼬문]

adj. 일반의, 보통의
Este pájaro es poco **común** en Cuba.
쿠바에서는 이런 새가 흔하지 않다.
1+1 extraordinario 이상한

0544

cotización
[꼬띠싸씨온]

f. 시세, 증권시세, 가격
¿A cuánto está la **cotización** del día?
오늘의 시세는 얼마나 됩니까?
1+1 tipo de cambio 환율

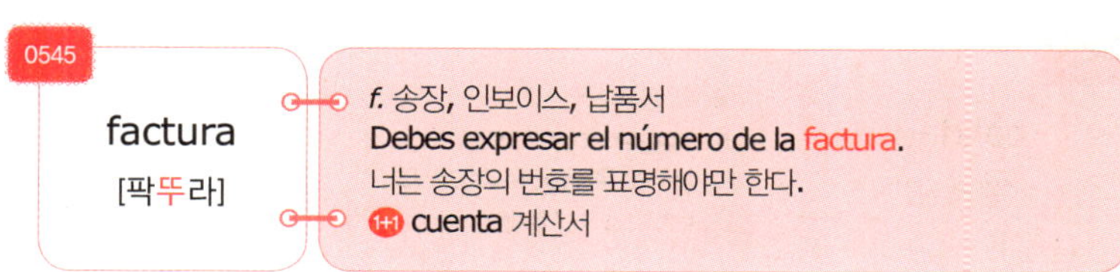

0545 factura
[팍뚜라]

f. 송장, 인보이스, 납품서
Debes expresar el número de la factura.
너는 송장의 번호를 표명해야만 한다.
1+1 cuenta 계산서

0546 presupuesto
[쁘레수뿌에스또]

m. 예산, 견적서
Nos dieron un presupuesto.
우리에게 예산이 주어졌다.
1+1 el estado de cuenta 결산

0547 robo
[ㄹ~로보]

m. 도둑질, 강탈
Le interrogaron sobre el robo.
그 도둑질 관해 그에게 물어보았다.
1+1 asesinato 살인

0548 héroe
[에로에]

m. 영웅
Es realmente un héroe.
그는 진짜 영웅이다.
1+1 heroína 여자 영웅

0549 dudoso
[두도소]

adj. 의심이 되는
Es dudoso si tengan razón.
그들이 옳은지가 의심스럽다.
1+1 confiable 믿음직한

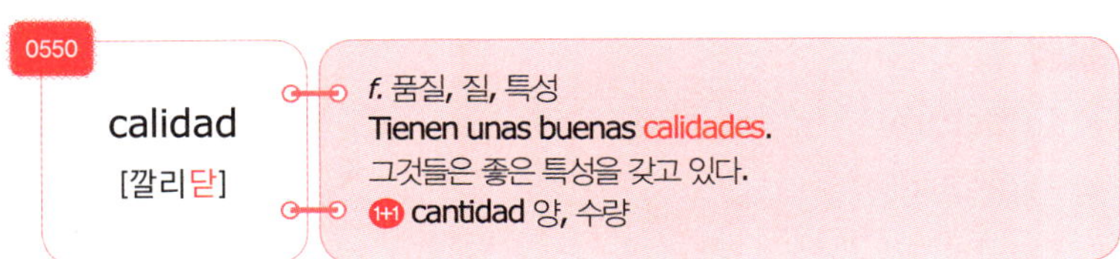

0550

calidad
[깔리**닫**]

f. 품질, 질, 특성
Tienen unas buenas calidades.
그것들은 좋은 특성을 갖고 있다.
1+1 cantidad 양, 수량

0551

requisito
[ㄹ~레끼**시**또]

m. 필요조건, 자격요건, 요건
¿Tienen los requisitos para ser miembro?
회원이 되기 위한 필요조건을 가지고 있나요?
1+1 carrera 경력

0552

aptitud
[압띠**뚣**]

f. 적응성, 적합성, 능력
No tiene las aptitudes para el puesto.
그 직위에 필요한 능력이 없다.
1+1 capacidad 능력

0553

intimidad
[인띠미**닫**]

f. 친밀, 돈독함
La ceremonia se celebrará en la intimidad.
그 의식은 돈독하게 개최될 것이다.
1+1 antipatía 반감

0554

pleno
[쁠레노]

adj. 가득한, 충분한, 완전한, 나무랄데 없는
El trabajo está en plena marcha.
그 일은 본격적으로 시작되었다.
1+1 insuficiente 부족한

0555

cerrado
[쎄르~라도]

adj. 닫혀진, 잠겨진
La reunión se celebró a puerta cerrada.
그 모임은 비공개로 이루어졌다.
1+1 cubierto 덮혀있는

0556

privado
[쁘리바도]

adj. 사적인, 개인적인
Aquí no se puede estar en privado.
여기에 당신은 혼자 있을 수 없다.
1+1 público 공적인

0557

potencia
[뽀뗀씨아]

f. 힘, 권력, 능력, 세력
Los Estados Unidos son una potencia mundial.
미국은 세계적인 세력을 갖고 있다.
1+1 resistencia 견딜힘

0558

fuerza
[푸에르싸]

f. 힘, 효력
No tiene la fuerza para levantarlo.
그것을 일으켜 세울 힘이 없다.
1+1 fuerza espiritual 정신적 힘

0559

facultad
[파꿀딷]

f. 힘, 능력, 자격, 권한, 단과대학
Los pájaros tienen la facultad de volar.
새들은 날 수 있는 능력이 있다.
1+1 enérgico 힘이 있는

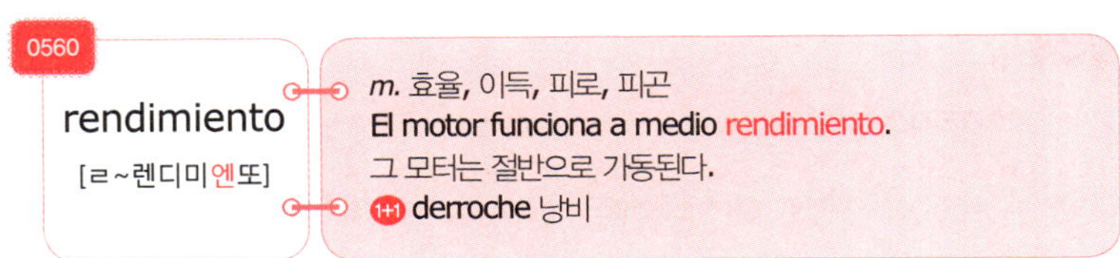

0560

rendimiento
[ㄹ~렌디미엔또]

m. 효율, 이득, 피로, 피곤
El motor funciona a medio rendimiento.
그 모터는 절반으로 가동된다.
1+1 derroche 낭비

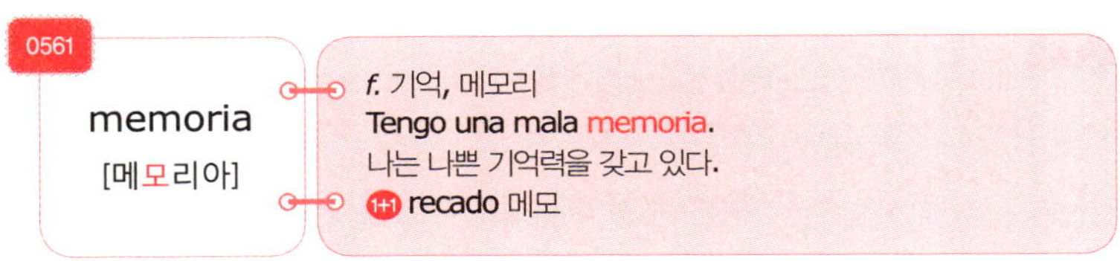

0561

memoria
[메모리아]

f. 기억, 메모리
Tengo una mala memoria.
나는 나쁜 기억력을 갖고 있다.
1+1 recado 메모

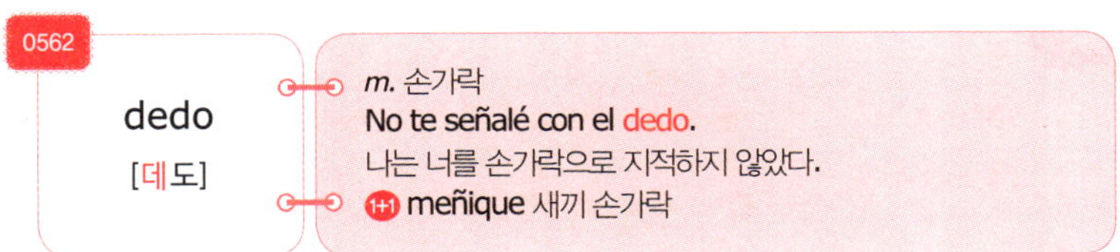

0562

dedo
[데도]

m. 손가락
No te señalé con el dedo.
나는 너를 손가락으로 지적하지 않았다.
1+1 meñique 새끼 손가락

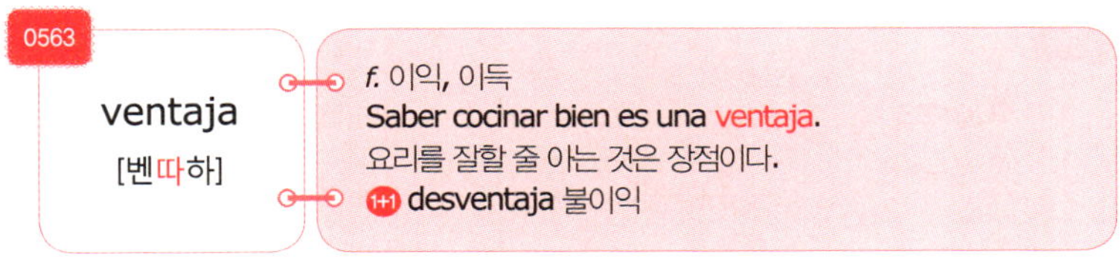

0563

ventaja
[벤따하]

f. 이익, 이득
Saber cocinar bien es una ventaja.
요리를 잘할 줄 아는 것은 장점이다.
1+1 desventaja 불이익

0564

accesorio
[악쎄소리오]

m. 액세서리
Tocaron mi accesorio favorita.
그들이 나가 가장 좋아하는 액세서리를 건드렸다.
1+1 anillo 반지

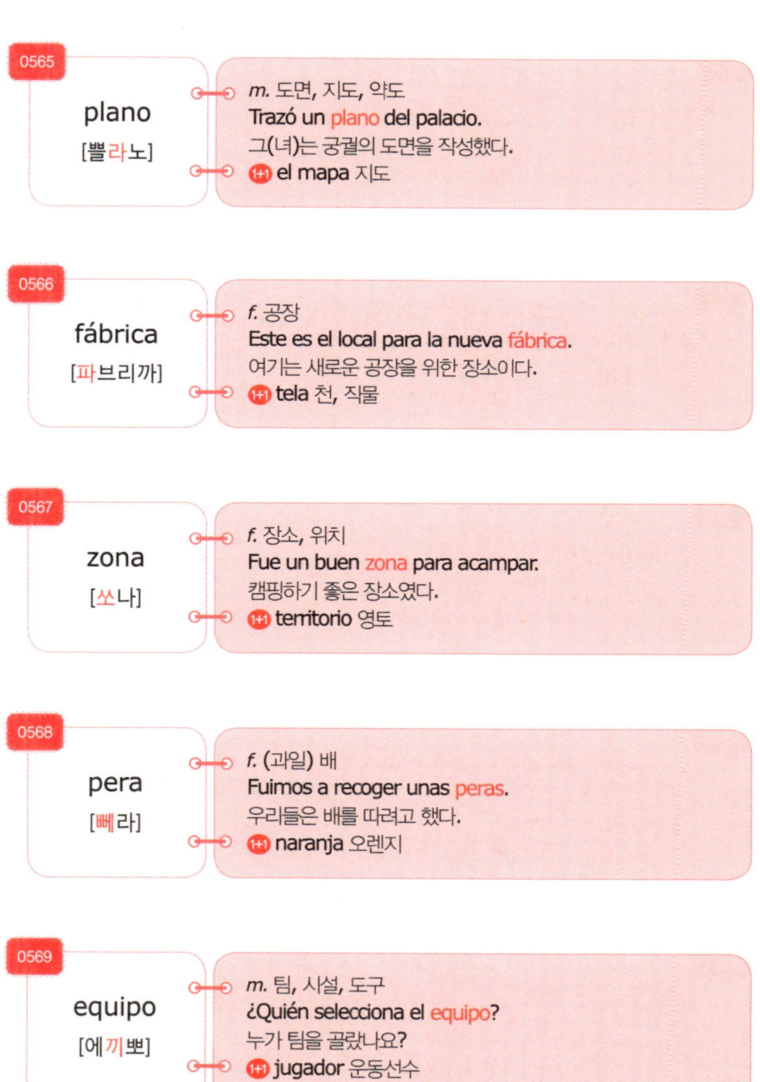

0565

plano
[쁠**라**노]

m. 도면, 지도, 약도
Trazó un plano del palacio.
그(녀)는 궁궐의 도면을 작성했다.
1+1 el mapa 지도

0566

fábrica
[**파**브리까]

f. 공장
Este es el local para la nueva fábrica.
여기는 새로운 공장을 위한 장소이다.
1+1 tela 천, 직물

0567

zona
[**쏘**나]

f. 장소, 위치
Fue un buen zona para acampar.
캠핑하기 좋은 장소였다.
1+1 territorio 영토

0568

pera
[**뻬**라]

f. (과일) 배
Fuimos a recoger unas peras.
우리들은 배를 따려고 했다.
1+1 naranja 오렌지

0569

equipo
[에**끼뽀**]

m. 팀, 시설, 도구
¿Quién selecciona el equipo?
누가 팀을 골랐나요?
1+1 jugador 운동선수

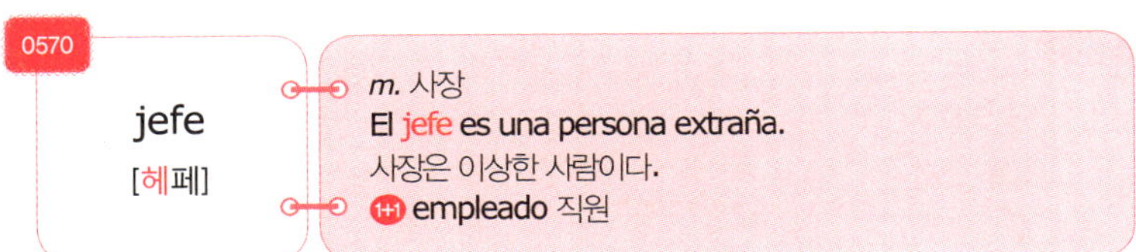

0570

jefe
[헤페]

m. 사장
El jefe es una persona extraña.
사장은 이상한 사람이다.
1+1 empleado 직원

0571

ausente
[아우센떼]

adj. 불참한, 결석한, 자리를 비운
Puede ser que estén ausentes.
결석한 사람들일 수 있다.
1+1 presente 출석한

0572

interpretación
[인떼르쁘레따씨온]

f. 통역, 해석, 해설, 연기
Su interpretación del papel de Carmen fue magnífica.
그녀의 까르멘 역할 연기는 환상적이었다.
1+1 traducción 번역

0573

sesión
[세시온]

f. 회의, 개회, 협의회
¿A qué hora es la primera sesión?
첫 번째 회의는 몇 시에 열리니?
1+1 asociación 협회

0574

área
[아레아]

f. 지역
Todos los habitantes del área su pusieron de acuerdo.
그 지역의 모든 거주자들은 동의했다.
1+1 península 반도

0575

camioneta
[까미오네따]

f. 소형트럭, 벤
Adelantamos a la camioneta a cien millas por hora.
우리는 시속 100마일로 벤을 몰았다.
1+1 carruaje 마차

0576

político
[뽈리띠꼬]

adj. 정치적
Mi amigo se hace miembro del partido político.
내 친구는 정치 당(파)의 당원이 되었다.
1+1 económico 경제의

0577

granja
[그란하]

f. 농장
Él es dueño de una granja.
그는 농장의 주인이다.
1+1 hacienda 농원, 농장

0578

letrero
[레뜨레로]

m. 간판
Había un letrero sobre la puerta.
간판이 문 위에 있었다.
1+1 letra 글자

0579

tapia
[따삐아]

f. 담, 토담, 벽
Saltó por encima de la tapia.
담 위로 뛰어넘었다.
1+1 frontera 국경(선)

0580

ayuntamiento
[아윤따미엔또]

m. 시청, 구청
Mi oficina está enfrente del ayuntamiento.
시청 맞은편에 내 사무실이 있다.
1+1 municipalidad 시청

0581

contrario
[꼰뜨라리오]

m. 반대의
Siempre dice lo contrario.
그는 항상 반대로 말한다.
1+1 opuesto 반대(편)의

0582

ribera
[ㄹ~리베라]

f. 연안, 해안, 강변
El mueseo está en la ribera opuesta del río.
그 박물관은 강 맞은 편 강변에 위치한다.
1+1 playa 해변

0583

vistazo
[비스따쏘]

m. 한번 보기, 흘깃 보기
Echó un vistazo al hotel.
호텔을 흘깃 보았다.
1+1 mirada 시선

0584

próspero
[쁘로스뻬로]

adj. 번성한, 번창한
Antes la estancia era próspera.
전에 그 농장이 번창했었다.
1+1 arrancado 몰락한

0585

espectáculo
[에스뻭**따**꿀로]

m. 흥행물, 관람(물)
Se ha estrenado el espectáculo en Madrid.
마드리드에서 쇼를 상영되었다.
1+1 moda 유행

0586

pasado
[빠**사**도]

adj. 지나간, 지난
Esta falda está pasada de moda.
이 스커트는 유행에 뒤쳐졌다.
1+1 último 최근의

0587

molestado
[몰레스**따**도]

adj. 귀찮은, 귀찮게 된
Siento mucho haberte molestado.
너를 귀찮게 해서 정말 미안하다.
1+1 contento 만족한

0588

gas
[가스]

m. 가스, 탄산
Apaga el gas antes de salir.
나가기 전에 가스를 꺼라.
1+1 agua potable 식수

0589

desparejado
[데스빠레**하**도]

adj. 짝이 맞지 않는, 망가진
Estos son guantes desparejados.
이것들은 짝이 맞지 않는 장갑들이다.
1+1 aparejado 떼어놓을 수 없는

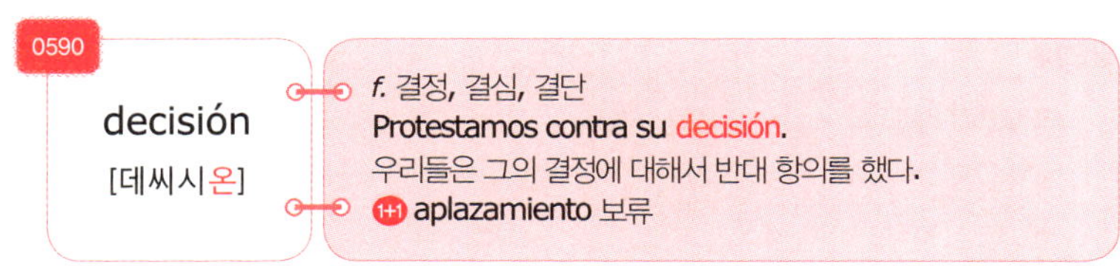

0590

decisión
[데씨시온]

f. 결정, 결심, 결단
Protestamos contra su decisión.
우리들은 그의 결정에 대해서 반대 항의를 했다.
1+1 aplazamiento 보류

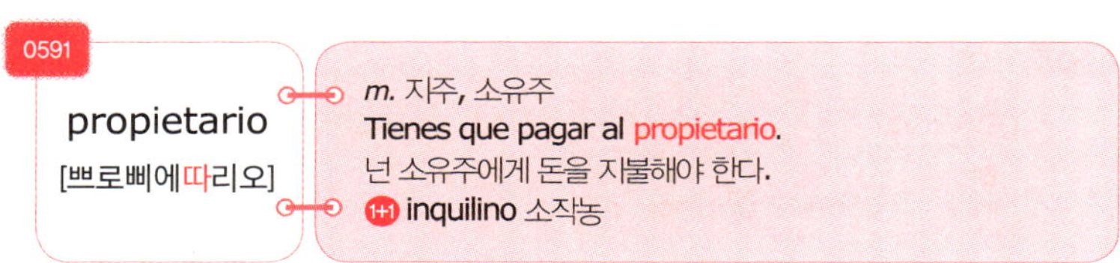

0591

propietario
[쁘로삐에따리오]

m. 지주, 소유주
Tienes que pagar al propietario.
넌 소유주에게 돈을 지불해야 한다.
1+1 inquilino 소작농

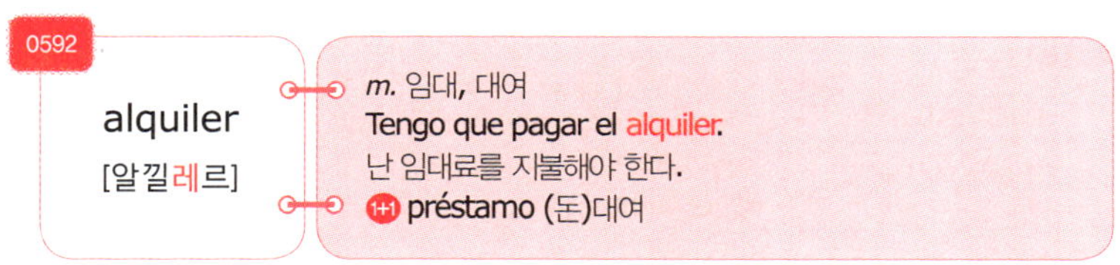

0592

alquiler
[알낄레르]

m. 임대, 대여
Tengo que pagar el alquiler.
난 임대료를 지불해야 한다.
1+1 préstamo (돈)대여

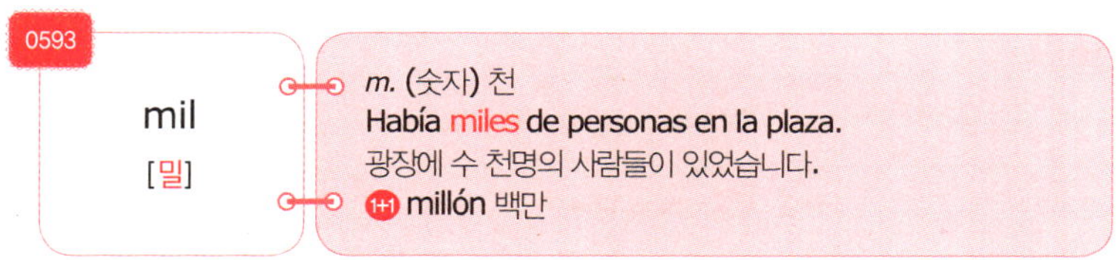

0593

mil
[밀]

m. (숫자) 천
Había miles de personas en la plaza.
광장에 수 천명의 사람들이 있었습니다.
1+1 millón 백만

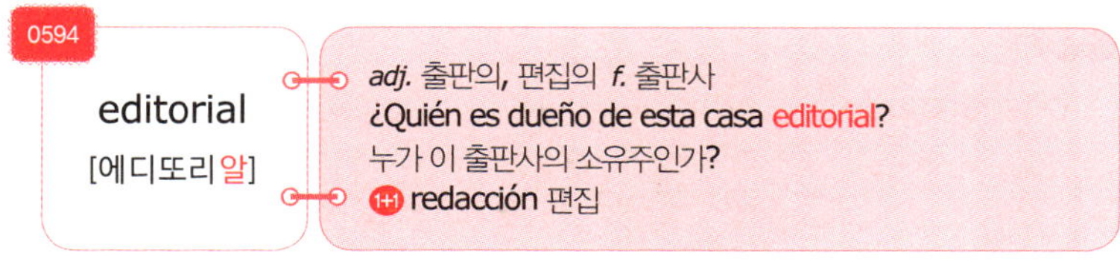

0594

editorial
[에디또리알]

adj. 출판의, 편집의 *f.* 출판사
¿Quién es dueño de esta casa editorial?
누가 이 출판사의 소유주인가?
1+1 redacción 편집

0595

hierba
[이에르바]

f. 풀, 약초, 허브
Prohibido pisar la hierba.
풀을 밟는 것 금지.
1+1 maceta 화분

0596

descanso
[데스깐소]

m. 휴식, 쉼
Él se toma un día de descanso.
그는 하루 동안 휴식을 취한다.
1+1 trabajo 일, 과제

0597

raro
[르~라로]

adj. 드문, 희귀한
Es una manera muy rara de hacerlo.
그 일을 하는 매우 드문 방식이다.
1+1 corriente 빈버난, 흔한

0598

enfermo
[엔페르모]

m. 환자, 병자   *adj.* 아픈
El enfermo va mejorando poco a poco.
환자은 조금씩 호전되어 간다.
1+1 enfermera 간호사

0599

propicio
[쁘로삐씨오]

adj. 적절한, 친절한, 다정한
Espera el momento propicio.
적절한 순간을 기다려라.
1+1 inadecuado 부적절한

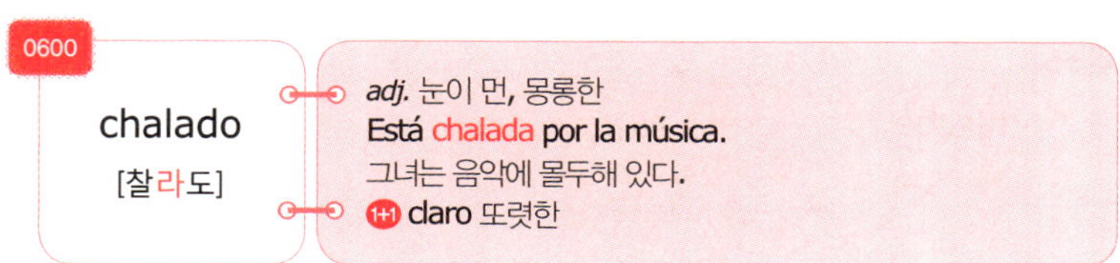

0600

chalado
[찰라도]

adj. 눈이 먼, 몽롱한
Está **chalada** por la música.
그녀는 음악에 몰두해 있다.
1+1 **claro** 또렷한

0601

molestia
[몰레스띠아]

f. 귀찮음, 짜증
Es una **molestia** tener que levantarme temprano.
일찍 일어나야 한다는 것은 짜증이다.
1+1 **alegría** 기쁨

0602

honrado
[온라도]

adj. 정직한, 솔직한, 성실한
Ningún hombre **honrado** haría eso.
어떤 정직한 사람도 그것을 하지 않았을 것이다.
1+1 **maligno** 못된

0603

lengua
[렝구아]

f. 언어, 혀
Habla español como si fuera su primera **lengua**.
그는 스페인어가 그의 첫 번째 언어인 것처럼 말한다.
1+1 **dialecto** 방언

0604

nacimiento
[나씨미엔또]

m. 출생, 탄생
Es venezolana de **nacimiento**.
그녀는 베네수엘라 출생이다.
1+1 **la muerte** 죽음

0605
sierra
[시에ㄹ~라]

f. 산맥, 산, 톱
Pasé las vacaciones en la sierra.
난 산에서 방학을 보냈다.
1+1 valle 계곡

0606
allá
[아야]

adv. 저쪽으로
La mayoría de los estudiantes se van allá.
학생 대부분은 저리로 간다.
1+1 acá 여기로

0607
empresa
[엠쁘레사]

f. 회사, 기업
Visitaron más empresas de las que esperaban.
그들은 그들이 기대했던 것 보다 더 많은 회사를 방문했다.
1+1 compañía 회사

0608
prisionero
[쁘리시오네로]

m. 죄수, 포로
Sueltan a los prisioneros.
그들은 죄수들을 풀어준다.
1+1 el(la) criminal 범죄자

0609
medio
[메디오]

adj. 반의, 중간의
Su avión llegará con media hora de retrasc.
그의 비행기는 30분 늦게 도착할 것이다.
1+1 promedio 평균의

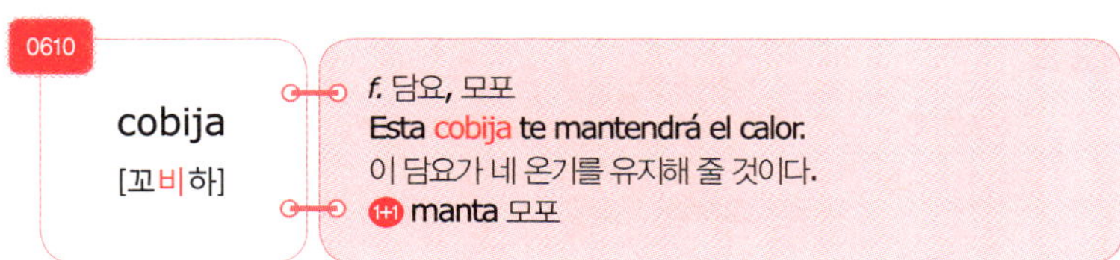

0610

cobija
[꼬**비**하]

f. 담요, 모포
Esta cobija te mantendrá el calor.
이 담요가 네 온기를 유지해 줄 것이다.
1+1 manta 모포

0611

tesoro
[떼**소**로]

m. 보물, 보배
No sé dónde guarda su tesoro.
난 어디에 그의 보물을 보관해 두는지 모른다.
1+1 joya 보석

0612

porquería
[뽀르께**리**아]

f. 더러워진·불결해진 물건, 더러운 짓.
Ese coche es una porquería.
그 차는 지저분하다.
1+1 limpieza 청결함

0613

tono
[**또**노]

m. 어조, 말투, 음색
Me habló en tono de confianza.
그는 나에게 확신에 찬 목소리로 말했다.
1+1 matiz 뉘앙스

0614

impresión
[임쁘레시**온**]

f. 인상, 느낌, 인쇄(물)
¿Qué impresión te produjo el producto?
그 제품이 네게 어떤 인상을 만들어 주었니?
1+1 apariencia 외모

0615 omiso
[오미소]

adj. 생략한, 부주의한, 태만한
Tu hermano hizo caso omiso de mí.
너의 여동생이 내게 건성으로 신경을 썼다.
1+1 adicional 보태는

0616 postre
[뽀스뜨레]

m. 후식, 디저트
Voy a tomar fruta de postre.
난 후식으로 과일을 먹을 것이다.
1+1 aperitivo 전채요리

0617 tapadera
[따빠데라]

f. 덮개, 뚜껑, 숨겨주는 사람
Su empresa no es más que una tapadera.
그의 회사는 덮개(껍데기)만 있다.
1+1 olla 냄비

0618 respeto
[ㄹ~레스뻬도]

m. 존경, 경의
No tiene ningún respeto a sus profesores.
그는 그의 선생님에 대한 어떤 존경도 없습니다.
1+1 desprecio 경멸

0619 destino
[데스띠노]

m. 목적지, 도착지, 운명
El tren con destino Madrid ya ha salido.
마드리드가 목적지인 열차는 이미 떠났다.
1+1 punto de arranque 출발점

0620

amargo
[아마르고]

adj. (맛이) 쓴, 무뚝뚝한
Este caf. tiene un sabor amargo.
이 커피는 쓴 맛을 가지고 있다.
1+1 dulce 단

0621

comestible
[꼬메스띠블레]

adj. 먹을 수 있는. *m.* 음식, 식품
Debes guardar los comestibles congelados en el congelado.
너는 그 냉동 식품들을 냉장고에 보관해야 합니다.
1+1 incomestible 먹을 수 없는

0622

librería
[리브레리아]

f. 서점
El pueblo tiene unas cuantas librerías.
그 마을에는 몇 개의 서점이 있다.
1+1 biblioteca 도서관

0623

costilla
[꼬스띠야]

f. 늑골, 갈비뼈
La médica me palpó las costillas.
여의사가 내 갈비뼈를 진찰했다.
1+1 pecho 가슴

0624

terremoto
[떼ㄹ~레모또]

m. 지진
Se resienten de los efectos del terremoto.
그들은 지진의 여파로 분개하고 있다.
1+1 volcán 화산

0625

velocidad
[벨로씨**닫**]

f. 속도, 속력
Ella iba con mucha velocidad.
그녀는 엄청난 속도로 달렸다.
1+1 aceleración 가속도

0626

ansia
[**안**시아]

f. 열망, 번민, 초사
Esperamos con ansia nuestro viaje a Perú.
우리들은 페루 여행에 대한 갈망하고 있다.
1+1 desilusión 실망

0627

entusiasmado
[엔뚜시아스**마도**]

adj. 열광한, 흥분한
Se quedó muy entusiasmada por mis noticias.
그녀는 내 소식들에 매우 흥분해 있었다.
1+1 calmoso 침착한

0628

instrucción
[인스뜨룩씨**온**]

f. 지침, 지시
Ni siquiera leyó las instrucciones.
그는 그 지침들조차 읽지 않았다.
1+1 rechazo 거절

0629

material
[마떼리**알**]

m. 성분, 원료, 재료
Hizo un presupuesto del material de construcción.
그는 건축 자재에 대한 예산을 만들었다.
1+1 componente 성분

0630
comportamiento
[꼼뽀르따미엔또]

m. 행실, 소행, 한 짓
Su comportamiento nos desconcertó.
그의 행실은 우리를 당황시켰다.
1+1 acto 행동, 행위

0631
vigor
[비고르]

m. 효력, 현행, 기력
El toque de queda entró en vigor a las once.
야간통행금지는 11시에 효력을 발생했다.
1+1 invalidez 무효

0632
eficaz
[에피까쓰]

adj. 유효한, 효과있는
Su medicina es muy eficaz.
그의 약은 매우 효과있다.
1+1 nulo 무효의

0633
jornada
[호르나다]

f. 노동, 노동시간
Tienen una jornada de diez horas.
그들은 10시간의 하루 노동시간을 가지고 있습니다.
1+1 la labor 노동

0634
aula
[아울라]

f. 교실, 강의실
El aula estaba apretada.
교실이 꽉 차있었다.
1+1 gimnasio 체육관

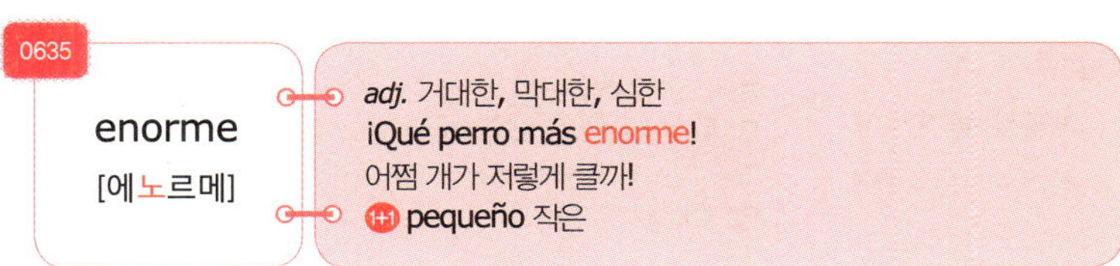

0635

enorme
[에**노**르메]

adj. 거대한, 막대한, 심한
¡Qué perro más enorme!
어쩜 개가 저렇게 클까!
1+1 pequeño 작은

0636

viuda
[비**우**다]

f. 과부
Su madre se quedó muy joven viuda.
그의 어머니는 정말 젊은 과부로 남았다.
1+1 viudo 홀아비

0637

soltero
[솔**떼**로]

m. 미혼(자), 독신(자). *adj.* 미혼의, 독신의
Me he casado pero mi hermana es soltera.
나는 결혼했지만 나의 동생은 미혼입니다.
1+1 casado 기혼의

0638

aprendizaje
[아쁘렌디**싸**헤]

m. 견습기간, 수습기간, 수업기간
¿A qué te vas a dedicar cuando termines el aprendizaje?
네가 견습 기간을 끝나고 넌 무슨 일에 종사할 것이니?
1+1 enseñanza 교육, 가르침

0639

emigrante
[에미그**란**떼]

m.f. 이민자, (외부로 나가는) 이민자
Hay emigrantes sevillanos en muchos países
hispanoamericanos.
세비야 태생의 이민자들은 스페인어 사용 아메리카 나라에 많다.
1+1 inmigrante 입국자

0640

hispanohablante

[이스**빠**노아블**란**떼]

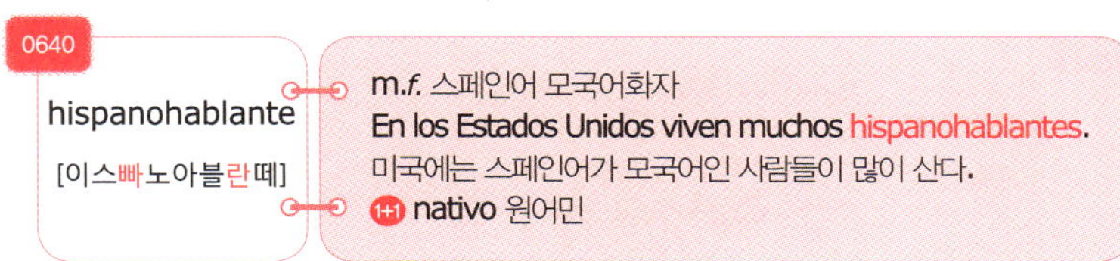

m.f. 스페인어 모국어화자
En los Estados Unidos viven muchos hispanohablantes.
미국에는 스페인어가 모국어인 사람들이 많이 산다.
1+1 nativo 원어민

0641

picante

[**삐** 깐 떼]

adj. (맛이) 매운, 자극적인
La cocina mexicana es muy picante.
멕시코 요리는 매우 자극적이다.
1+1 áspero 떫은

0642

fértil

[페 르 띨]

adj. 기름진, 비옥한, 풍부한
La geografía chilena tiene desiertos, zonas fértiles, lagos y montañas.
칠레의 지형은 사막, 비옥한 땅, 호수 그리고 산들을 가지고 있다.
1+1 devastador 황폐하게 하는

0643

continente

[꼰띠 넨 떼]

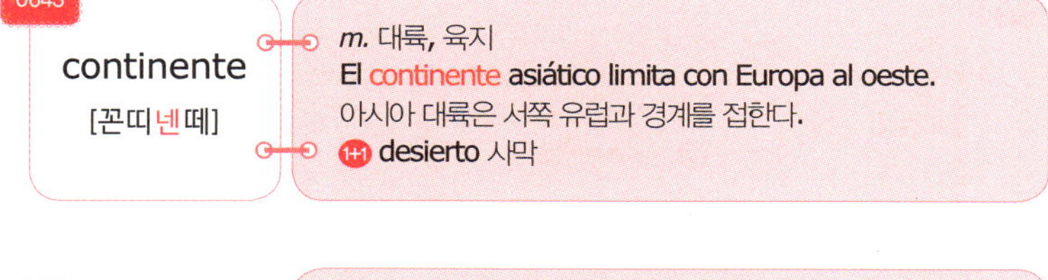

m. 대륙, 육지
El continente asiático limita con Europa al oeste.
아시아 대륙은 서쪽 유럽과 경계를 접한다.
1+1 desierto 사막

0644

especialidad

[에스뻬씨알리**닫**]

f. 특색, 특성, 특기
El flamenco es una especialidad de los gitanos españoles.
플라멩고는 스페인 집시들의 특기이다.
1+1 punto vulnerable 취약점

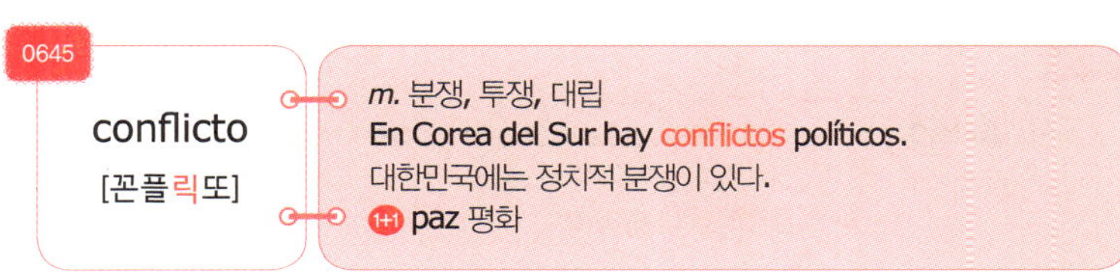

0645 conflicto
[꼰플**릭**또]

m. 분쟁, 투쟁, 대립
En Corea del Sur hay conflictos políticos.
대한민국에는 정치적 분쟁이 있다.
1+1 paz 평화

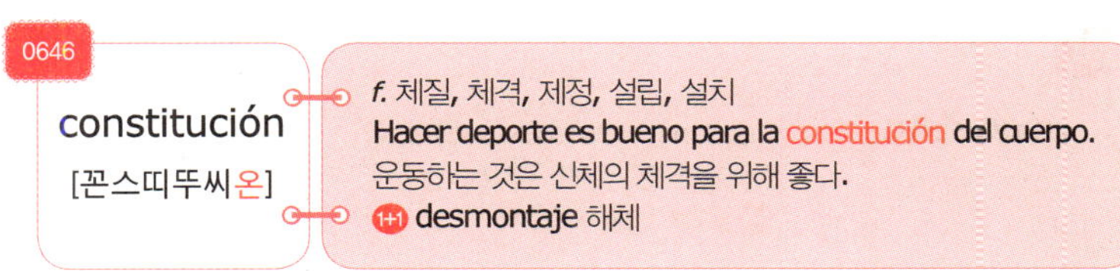

0646 constitución
[꼰스띠뚜씨**온**]

f. 체질, 체격, 제정, 설립, 설치
Hacer deporte es bueno para la constitución del cuerpo.
운동하는 것은 신체의 체격을 위해 좋다.
1+1 desmontaje 해체

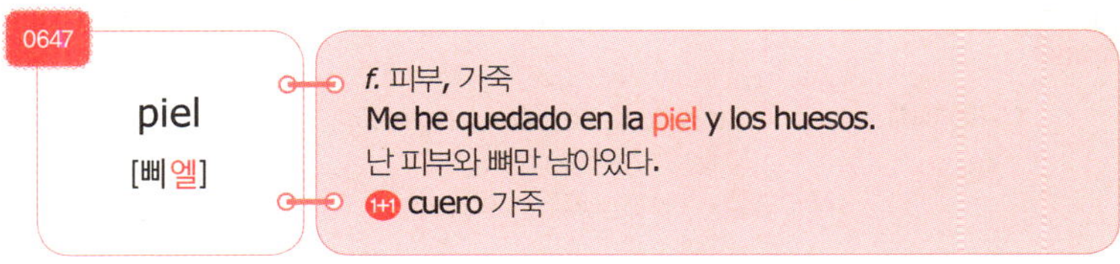

0647 piel
[삐**엘**]

f. 피부, 가죽
Me he quedado en la piel y los huesos.
난 피부와 뼈만 남아있다.
1+1 cuero 가죽

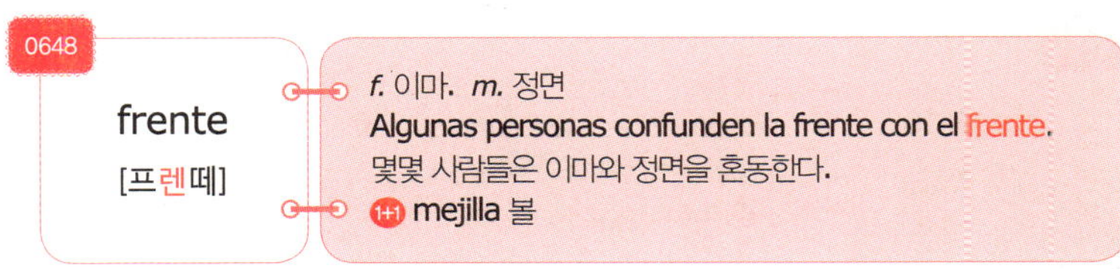

0648 frente
[프**렌**떼]

f. 이마. *m.* 정면
Algunas personas confunden la frente con el frente.
몇몇 사람들은 이마와 정면을 혼동한다.
1+1 mejilla 볼

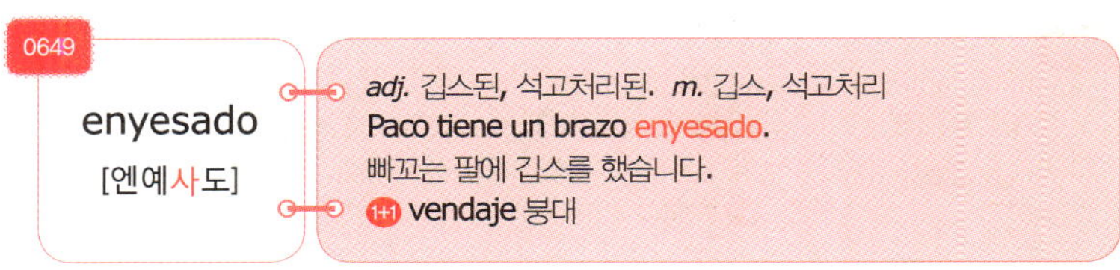

0649 enyesado
[엔예**사**도]

adj. 깁스된, 석고처리된. *m.* 깁스, 석고처리
Paco tiene un brazo enyesado.
빠꼬는 팔에 깁스를 했습니다.
1+1 vendaje 붕대

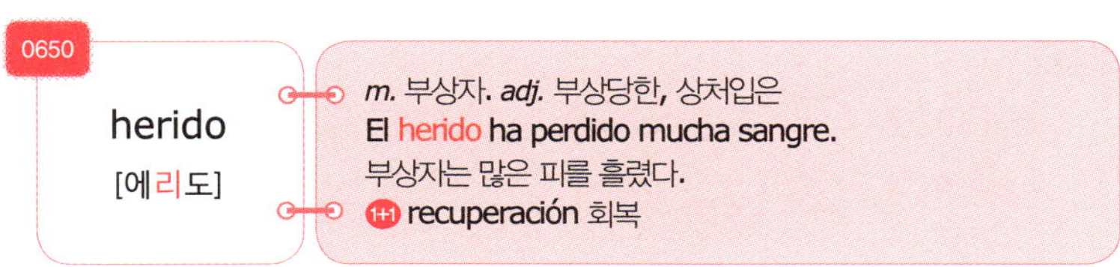
0650
herido
[에리도]
m. 부상자. adj. 부상당한, 상처입은
El herido ha perdido mucha sangre.
부상자는 많은 피를 흘렸다.
1+1 recuperación 회복

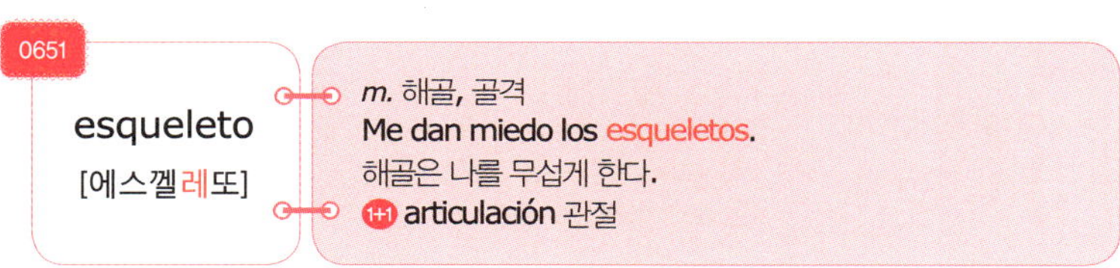
0651
esqueleto
[에스껠레또]
m. 해골, 골격
Me dan miedo los esqueletos.
해골은 나를 무섭게 한다.
1+1 articulación 관절

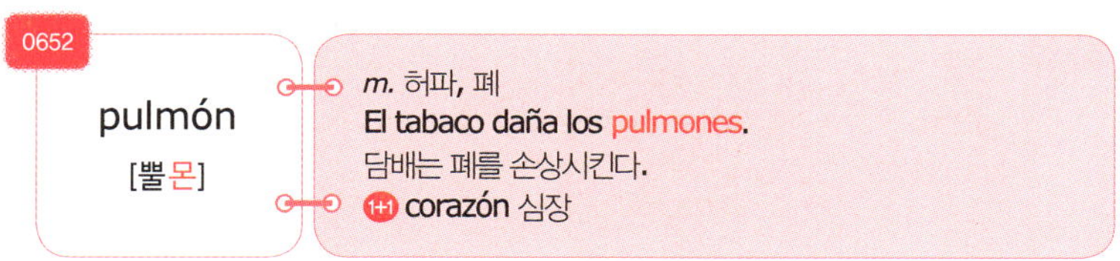
0652
pulmón
[뿔몬]
m. 허파, 폐
El tabaco daña los pulmones.
담배는 폐를 손상시킨다.
1+1 corazón 심장

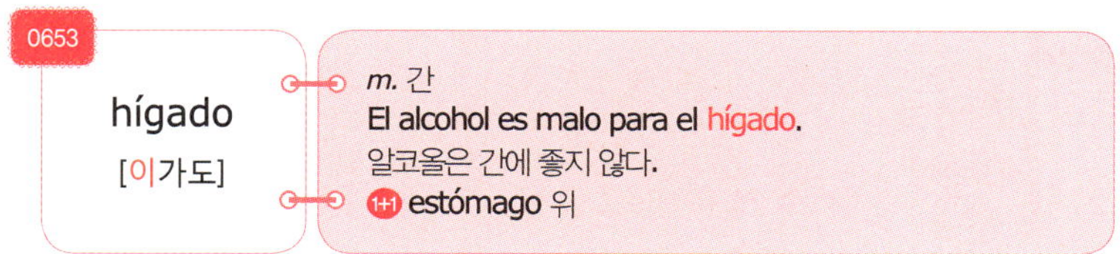
0653
hígado
[이가도]
m. 간
El alcohol es malo para el hígado.
알코올은 간에 좋지 않다.
1+1 estómago 위

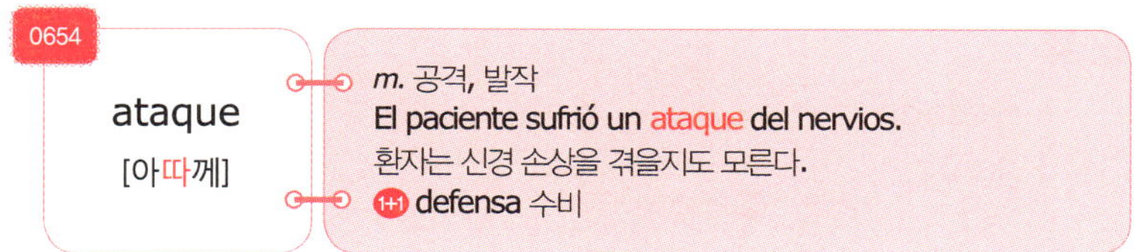
0654
ataque
[아따께]
m. 공격, 발작
El paciente sufrió un ataque del nervios.
환자는 신경 손상을 겪을지도 모른다.
1+1 defensa 수비

0655

derecho
[데레초]

m. 권리, 법, 요금
Hay que luchar por los derechos de la mujer.
여성의 권리를 위해 싸워야한다.
1+1 la ley 법

0656

enamorado
[엔아모라도]

adj. 사랑에 빠진
Yo estoy enamorada de Miguel.
나는 Miguel과 사랑에 빠졌다.
1+1 hostil 적대적인

0657

íntimo
[인띠모]

adj. 친밀한, 친근한
Lola y Juan tienen relaciones íntimas.
롤라와 환은 친밀한 관계에 있다.
1+1 incómodo 어색한, 불편한

0658

embarazado
[엠바라싸도]

adj. 임신한
Estoy embarazada de seis meses.
난 6개월 된 임산부다.
1+1 parto 출산

0659

ambulancia
[암불란씨아]

f. 앰뷸런스, 구급차
El herido estaba vivo cuando llegó la ambulancia.
엠뷸런스가 도착했을 때 부상자는 살아있었다.
1+1 primeros auxilios 응급치료

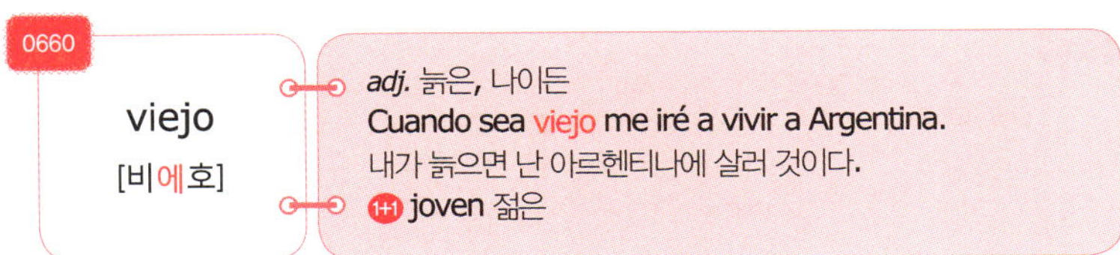

0660

viejo
[비에호]

adj. 늙은, 나이든
Cuando sea viejo me iré a vivir a Argentina.
내가 늙으면 난 아르헨티나에 살러 것이다.
1+1 joven 젊은

0661

muerto
[무에르또]

adj. 죽은, 살해된. *m.* 죽은 사람, 사망자
Nadie pudo identificar al muerto.
아무도 죽은 자를 식별할 수 없었다.
1+1 sobreviviente 살아남은

0662

vejez
[베헤쓰]

f. 노년기
No hay que temer la vejez.
노년기를 두려워해서는 안 된다.
1+1 niñez 유년기

0663

veneno
[베네노]

m. 독, 독성
El tabaco es veneno para la salud.
담배는 건강에게 독이다.
1+1 la miel 꿀

0664

piedra
[삐에드라]

f. 돌, 돌멩이
Esto está duro como una piedra.
이것은 돌처럼 딱딱하다.
1+1 roca 바위

0665

tacto
[딱또]

m. 촉감, 만져보는 일
Los ciegos leen por el tacto.
장님은 촉감을 통해 읽는다.
1+1 sensibilidad 감각

0666

agrio
[아그리오]

adj. (맛이) 신, 사나운
La leche está agria.
그 우유는 시다.
1+1 salado 짠

0667

generoso
[헤네로소]

adj. 관대한
Tu gesto ha sido muy generoso.
너의 제스처는 너무 관대했다.
1+1 angustiado 답답한, 옹색한

0668

paso
[빠소]

m. 걸음, 통과, 통로
Paso a paso vamos caminando hacia casa.
한 걸음씩 한 걸음씩 집을 향해 걷고 있다.
1+1 cruce 횡단, 교차

0669

inodoro
[이노도로]

m. 변기
He comprado un producto para limpiar el inodoro.
변기를 청소하기 위해 제품을 구입했다.
1+1 lavabo 세면대

0670

peine
[뻬이네]

m. (머리) 빗
Quiero un peine de bolsillo.
나는 포켓사이즈 빗을 좋아한다.
1+1 espejo 거울

0671

crema
[끄레마]

f. 크림, 유지
Deme crema para el sol.
선탠을 위한 크림을 제게 주세요.
1+1 loción 로션

0672

secador
[세까도르]

m. 헤어드라이어, 옷 말리기
Este secador es muy lento.
이 헤어드라이어는 아주 느리다.
1+1 ventilador 선풍기

0673

sombra
[솜브라]

f. 그림자, 그늘
A mi hermana le he comprado sombra de ojos y rímel.
나의 누나에게 아이섀도와 마스카라를 사줬다.
1+1 sitio soleado 양지

0674

banquero
[반께로]

m. 은행원
Ellos la casaron a su hija con un rico banquero.
그들은 딸을 부유한 은행가에게 결혼시켰다.
1+1 ahorro 저축

0675

gravedad
[그라베**닫**]

f. 위독, 중대성, 엄숙함, 중량
En las noticias dijeron que el actor enfermó de gravedad.
뉴스에서 그 배우가 중병인이라고 말했다.
1+1 **ligereza** 가벼움

0676

consulta
[꼰술**따**]

f. 진찰, 상담, 협의
El doctor Márquez no tiene consulta **los lunes**
의사 마르께스는 월요일에 진료가 없다.
1+1 **remedio** 치료

0677

inyección
[인엑씨**온**]

f. 주사
La enfermera le pondrá las inyecciones.
간호사는 그에게 주사를 놓을 것이다.
1+1 **aguja** 바늘

0678

receta
[ㄹ~레**쎄**따]

m. 처방(전), 요리법
Para la aspirina no hace falta receta.
아스피린만큼은 처방전이 필요 없다.
1+1 **remedio folclórico** 민간요법

0679

gota
[고**따**]

f. 방울, 물방울, (적은) 량
Estas gotas **son inofensivas.**
이정도 양은 피해를 입히지 않는다.
1+1 **corriente del agua** 물줄기

0680

venda
[벤다]

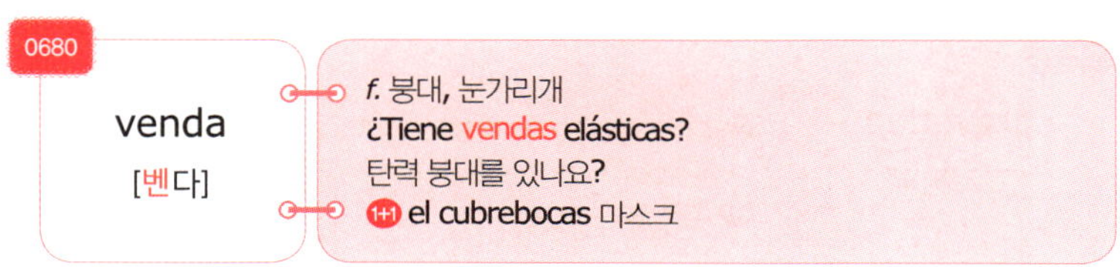

f. 붕대, 눈가리개
¿Tiene **vendas** elásticas?
탄력 붕대를 있나요?
1+1 el cubrebocas 마스크

0681

cirugía
[씨루히아]

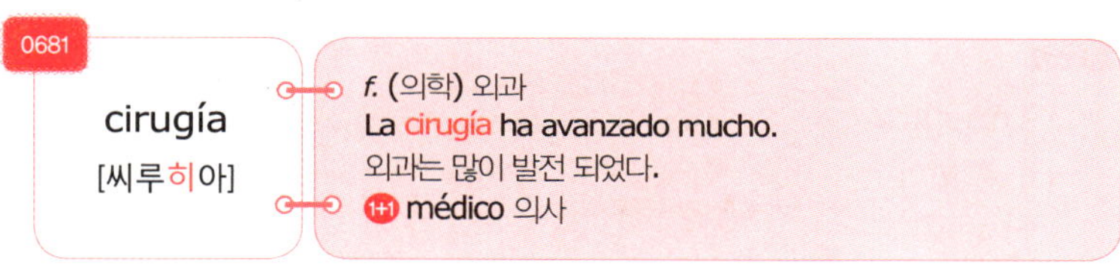

f. (의학) 외과
La **cirugía** ha avanzado mucho.
외과는 많이 발전 되었다.
1+1 médico 의사

0682

grave
[그라베]

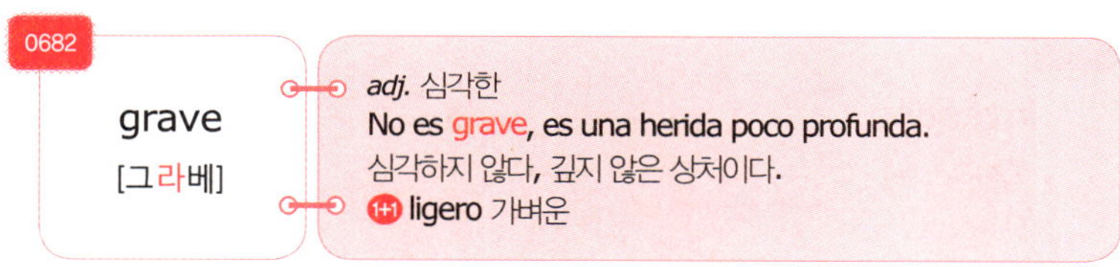

adj. 심각한
No es **grave**, es una herida poco profunda.
심각하지 않다, 깊지 않은 상처이다.
1+1 ligero 가벼운

0683

navaja
[나바하]

f. 주머니 칼, 작은 칼
Te vas a cortar con la **navaja**.
칼을 가지고 넌 상처가 날 것이다.
1+1 cuchillo 나이프

0684

cáncer
[깐쎄르]

m. 암, 사회악
Hoy se puede curar a veces el **cáncer**.
오늘날 사람은 암을 여러 번 치료 할 수 있다.
1+1 leucemia 백혈병

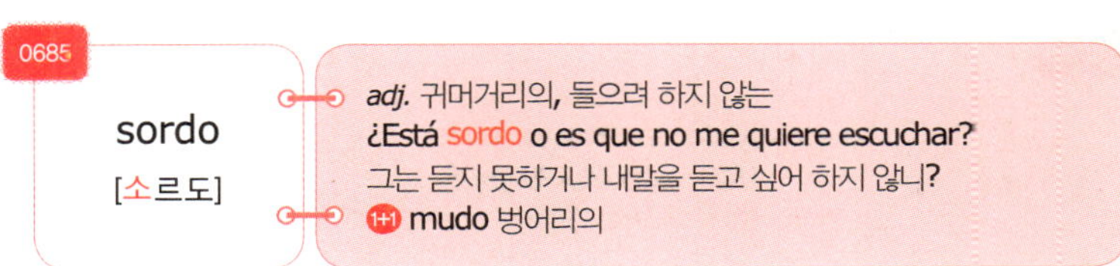

0685

sordo
[소르도]

adj. 귀머거리의, 들으려 하지 않는
¿Está sordo o es que no me quiere escuchar?
그는 듣지 못하거나 내말을 듣고 싶어 하지 않니?
1+1 mudo 벙어리의

0686

leve
[레베]

adj. 가벼운, 사소한, 경미한
En el accidente solo hubo heridos leves.
사고에서 단지 가벼운 타박상을 당했다.
1+1 serio 심각한

0687

mareo
[마레오]

m. 어지러움, 현기증, 멀미
Cuando no como nada, me dan mareos.
아무것도 먹지 않을 때, 현기증이 난다.
1+1 vómito 구토

0688

diarrea
[디아르~레아]

f. 설사
¿Me puede recetar algo contra la diarrea?
제게 설사에 대해서 처방해 줄 수 있나요?
1+1 estreñimiento 변비

0689

minusválido
[미누스발리도]

m. 장애인, 장애우
Este aparcamiento está reservado para minusválidos.
이 주차장은 장애인들을 위해 예약되어 있다.
1+1 sano 건강한

0690

ceniza
[쎄니싸]

f. 재, 잿더미
¡Cuidado con la ceniza!
(불씨 남은) 재를 조심하세요!
1+1 cenicero 재떨이

0691

cariño
[까리뇨]

m. 애정, 애착
Te tengo mucho cariño.
나는 너에게 많은 애정을 가지고 있다.
1+1 horripilante 징그러운

0692

vergüenza
[베르구엔싸]

f. 창피, 부끄러움, 수치
Me da vergüenza hablar del pasado de mi familia.
나의 가족의 과거의 지난 일을 말하는 것은 내게 수치를 준다.
1+1 sinvergüenza 철면피

0693

envidioso
[엔비디오소]

adj. 질투하는, 시샘하는, 부러워하는
Mario está envidioso de su hermano.
마리오는 그의 형을 질투한다.
1+1 orgulloso 자랑스러운

0694

ilusión
[일루시온]

f. 환영, 환각, 착각
Me hace ilusión ir a cenar contigo.
그는 그와 함께 밥을 먹게 되는 환상을 주었다.
1+1 realidad 현실

0695

satisfacción
[사띠스팍씨온]

f. 기쁨, 만족
Terminar un trabajo bien es una satisfacción.
일을 잘 끝내는 것은 만족이다.
1+1 insatisfacción 불만

0696

angustia
[안구스띠아]

f. 고뇌, 고민
Las familias de los heridos esperaban noticias con angustia.
부상자의 가족들은 초조하게 소식을 기다렸다.
1+1 dolor 고통

0697

grito
[그리또]

m. 외침, 절규
No soporto los gritos.
그 외침들을 견딜 수 없다.
1+1 silencio 침묵

0698

suspiro
[수스삐로]

m. 한숨, 탄식
Juan dio un suspiro al encontrar la cartera.
후안은 지갑을 찾을 때, 안도의 한숨을 쉬었다.
1+1 respiración 호흡

0699

petición
[뻬띠씨온]

f. 탄원, 청원, 바람, 소망
Hemos presentado una petición al alcalde.
우리는 시장에게 탄원을 제시했다.
1+1 acusación 기소

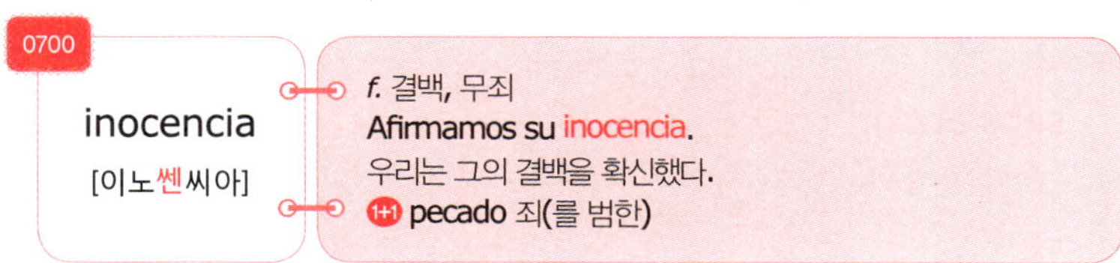

0700

inocencia

[이노쎈씨아]

f. 결백, 무죄
Afirmamos su inocencia.
우리는 그의 결백을 확신했다.
1+1 pecado 죄(를 범한)

0701

humor

[우모르]

m. 유머, 기분, 기질
Paco tiene sentido del humor.
빠꼬는 유머감각을 가지고 있다.
1+1 humo 연기, 수증기

0702

curioso

[꾸리오소]

adj. 호기심있는, 궁금해 하는
Mi vecina es demasiado curiosa.
나의 이웃은 지나치게 호기심이 많다.
1+1 preguntón 질문하기 좋아하는

0703

serio

[세리오]

adj. 심각한, 진지한
¿Por qué estás tan serio?
왜 그렇게 심각하니?
1+1 alegre 즐거운

0704

puntual

[뿐뚜알]

adj. 시간을 잘 지키는, 고지식한
Sé puntual.
시간을 엄수해라.
1+1 retrasado 더딘

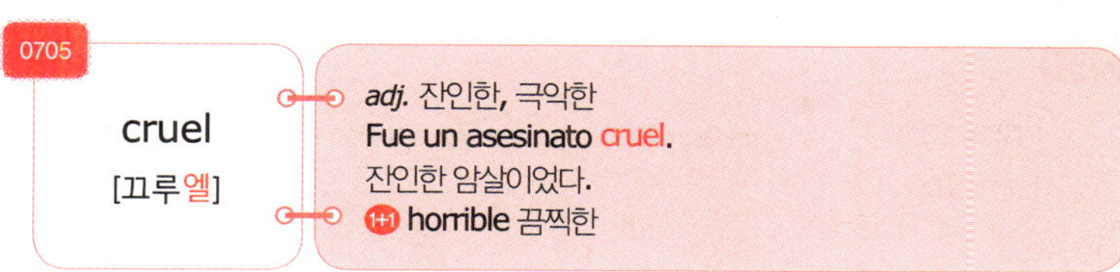

0705

cruel
[끄루엘]

adj. 잔인한, 극악한
Fue un asesinato cruel.
잔인한 암살이었다.
1+1 horrible 끔찍한

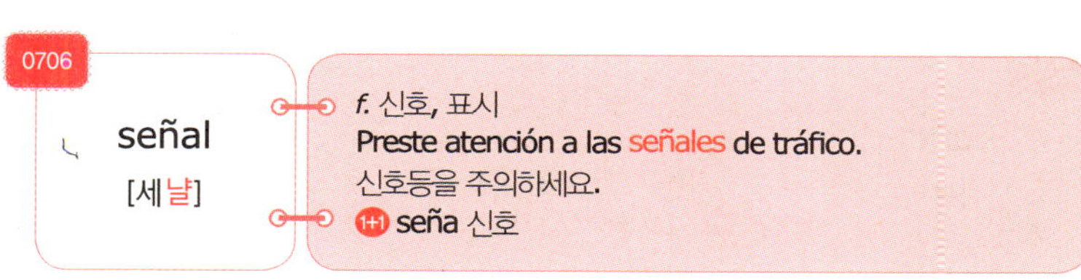

0706

señal
[세냘]

f. 신호, 표시
Preste atención a las señales de tráfico.
신호등을 주의하세요.
1+1 seña 신호

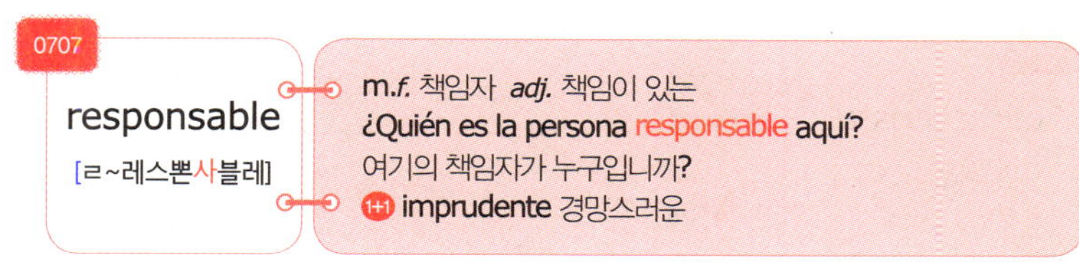

0707

responsable
[르~레스뽄사블레]

m.f. 책임자 *adj.* 책임이 있는
¿Quién es la persona responsable aquí?
여기의 책임자가 누구입니까?
1+1 imprudente 경망스러운

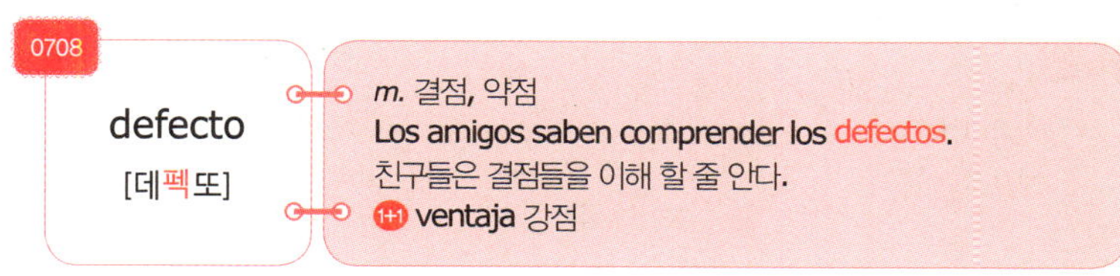

0708

defecto
[데펙또]

m. 결점, 약점
Los amigos saben comprender los defectos.
친구들은 결점들을 이해 할 줄 안다.
1+1 ventaja 강점

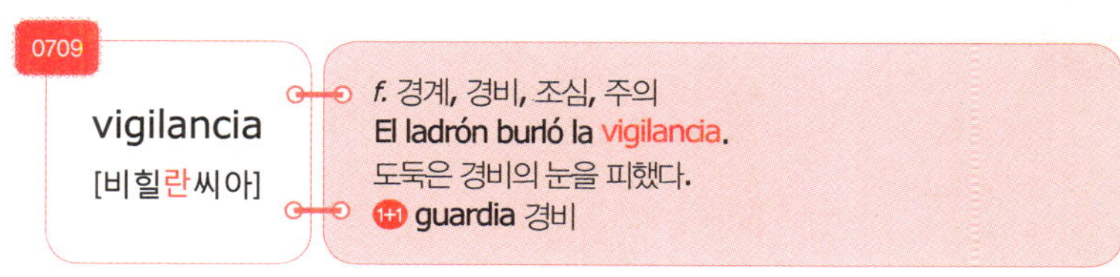

0709

vigilancia
[비힐란씨아]

f. 경계, 경비, 조심, 주의
El ladrón burló la vigilancia.
도둑은 경비의 눈을 피했다.
1+1 guardia 경비

0710

crimen
[끄리멘]

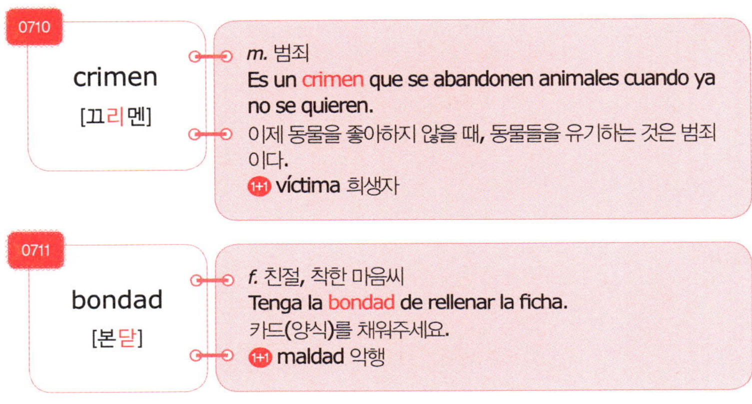

m. 범죄

Es un **crimen** que se abandonen animales cuando ya no se quieren.

이제 동물을 좋아하지 않을 때, 동물들을 유기하는 것은 범죄이다.

1+1 **víctima** 희생자

0711

bondad
[본닫]

f. 친절, 착한 마음씨

Tenga la **bondad** de rellenar la ficha.

카드(양식)를 채워주세요.

1+1 **maldad** 악행

0712

característica
[까락떼리스띠까]

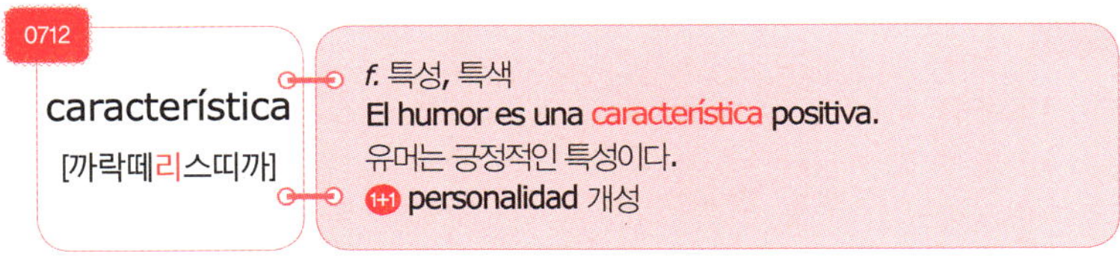

f. 특성, 특색

El humor es una **característica** positiva.

유머는 긍정적인 특성이다.

1+1 **personalidad** 개성

0713

valiente
[발리엔떼]

adj. 용감한

La madre fue muy **valiente** salvando a su hija.

어머니는 매우 용감하게 그녀의 딸을 구출했다.

1+1 **cobarde** 겁이 많은

0714

celoso
[쎌로소]

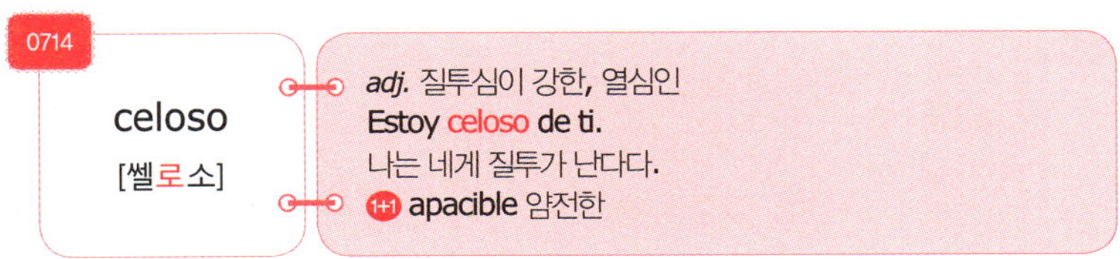

adj. 질투심이 강한, 열심인

Estoy **celoso** de ti.

나는 네게 질투가 난다.

1+1 **apacible** 얌전한

0715

sinvergüenza
[신베르구엔싸]

m.f. 철면피, 뻔뻔한 사람. *adj.* 뻔뻔스런, 철면피의
Algunos camareros de este hotel son
unos sinvergüenzas.
이 호텔의 어떤 종업원들은 뻔뻔한 사람들이다.
1+1 desvergonzado 뻔뻔한

0716

terco
[떼르꼬]

adj. 고집 센, 완고한
Mi hermano es muy terco.
나의 아들은 아주 완고하다.
1+1 suave 온화한, 순한

0717

canto
[깐또]

m. 노래, 창법
Paco sabe imitar el canto de los pájaros.
빠꼬는 새들의 노래를 흉내낼 줄 안다.
1+1 escucha 경청

0718

cabello
[까베요]

m. 모발
Ella tiene el cabello negro.
그녀는 검은 머리를 가지고 있다.
1+1 pelo 머리카락, 털

0719

propósito
[쁘로뽀시또]

m. 목적, 의도
Eso es el propósito de estudiar español.
그것이 스페인어를 공부하고자 하는 목적이다.
1+1 resultado 결과

0720

moral
[모랄]

f. 도덕, 도의
Tenemos que enfatizar la moral del sacerdote.
우리는 성직자의 도덕성을 강조해야만 한다.
1+1 ético 윤리

0721

fracaso
[프라까소]

m. 실패, 화
El negocio de tu amigo es un fracaso.
너의 친구의 사업은 실패이다.
1+1 éxito 성공

0722

amenaza
[아메나싸]

f. 협박, 위협
Subrayó su amenaza sacando la pistola del bolso.
그는 가방에서 권총을 꺼내면서 자신의 협박을 강조했다.
1+1 negociación 협상

0723

ministro
[미니스뜨로]

m. 장관
Se acusa al ministro de abuso de poder.
그는 권력 남발로 그 장관을 고발한다.
1+1 viceministro 차관

0724

capaz
[까빠쓰]

adj. 할 수 있는, 능력이 있는
Joaquín es capaz de nadar dos horas sin parar.
호아낀은 쉼 없이 2시간동안 수영할 수 있는 능력이 있다.
1+1 imposible 불가능한

0725

dinámico
[디**나**미꼬]

adj. 활력 있는, 역동적인
Los agentes de viaje son muy dinámicos.
여행사 직원들은 매우 활발하다.
1+1 pasivo 수동적인

0726

ratero
[ㄹ~라**떼**로]

m. 소매치기, 날치기
¡Ojo con los bolsos! En esta calle hay muchos rateros.
가방을 조심해라! 이 거리에는 소매치기들이 많다.
1+1 ladrón 도둑

0727

regreso
[ㄹ~레그**레**소]

m. 귀환, 귀착, 복귀
Quiero confirmar mi vuelo de regreso.
나는 입국 비행편을 확인하고 싶다.
1+1 llegada 도착

0728

intelectual
[인뗄렉뚜**알**]

adj. 지적인, 지력의
El trabajo intelectual cansa tanto como el corporal.
지적인 직업은 육체적인 직업만큼 피곤하다.
1+1 ignorante 무식한

0729

competente
[꼼뻬**뗀**떼]

adj. 적임의, 유능한
Esta profesora no me parece muy competente.
이 여교수는 내게 아주 유능하게 보이지 않는다.
1+1 incompetente 무능력한

0730

suceso
[수쎄소]

m. 사건, 일어나는 일
Tenemos que tomar una decisión para que no se repitan estos sucesos.
그들이 그 일을 다시 반복하지 않기 위해서 우리는 결정을 해야한다.
1+1 prevención 예방

0731

astuto
[아스뚜또]

adj. 간사한, 교활한
Este muchacho es astuto como un zorro.
이 소년은 여우처럼 교활 하다.
1+1 liberal 후한

0732

tacaño
[따까뇨]

adj. 인색한, 치사한
Su cuñado es muy tacaño a pesar de ser muy rico.
그의 처남은 부자임에도 불구하고 아주 인색하다.
1+1 abundante 풍족한

0733

discurso
[디스꾸르소]

m. 연설, 강의, 사고(력)
La directora pronunció un discurso interesante.
그 감독은 재미있는 강의를 했다.
1+1 elocuencia 웅변

0734

detalle
[데따예]

m. 상세, 세목, 세부 명세
Me enteré tarde de los detalles del accidente.
나는 늦게 사건의 세세한 부분을 늦게 알았다.
1+1 título 제목

0735

recomendación

[ㄹ~레꼬멘다씨**온**]

f. 추천(서), 권고
¿Me puede dar una carta de recomendación?
나에게 추천서를 줄 수 있을까?
1+1 solicitud 지원서

0736

panadería

[빠나데**리**아]

f. 빵집, 제과점
Las panaderías no abren los domingos.
그 빵집들은 일요일에 열지 않는다.
1+1 pastelería 생과자점

0737

escaparate

[에스까빠**라**떼]

m. 진열대, 쇼윈도우
¿Me muestra los zapatos azules que he visto
en el escaparate?
진열대에서 봤던 파란색 신발을 제게 보여 주실래요?
1+1 mostrador 진열대

0738

turno

[**뚜**르노]

m. 차례, 순서, 순번
¿Te toca el turno?
너의 차례이니?
1+1 el orden 순서

0739

manga

[**망**가]

f. (옷) 소매, 호스
En verano no llevo camisas de manga larga.
여름에 긴팔의 셔츠를 입지 않는다.
1+1 cuello 옷깃

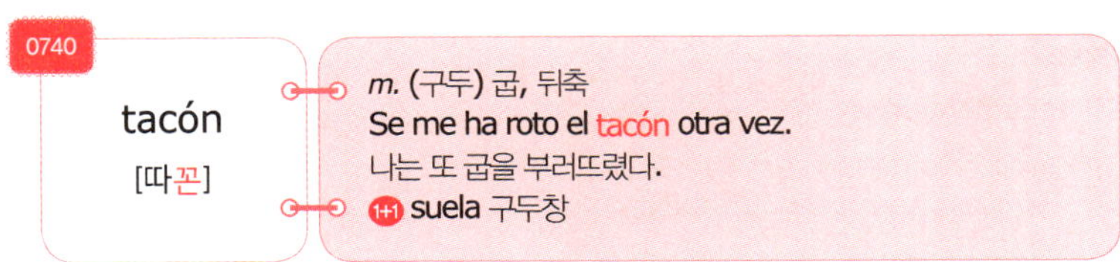

0740

tacón
[따꼰]

m. (구두) 굽, 뒤축
Se me ha roto el tacón otra vez.
나는 또 굽을 부러뜨렸다.
1+1 suela 구두창

0741

tenedor
[떼네도르]

m. 포크
Pincha las aceitunas con el tenedor.
포크로 올리브를 찔러라.
1+1 servilleta 냅킨

0742

mantel
[만뗄]

m. 식탁보
El mantel y las servilletas están en el aparador.
식탁보와 냅킨이 찬장(진열장)에 있다.
1+1 delantal 앞치마

0743

cucharilla
[꾸차리야]

f. 작은 스푼, 차 스푼
Colecciono cucharillas de plata.
나는 은 차 스푼을 수집한다.
1+1 taza 찻잔

0744

cortado
[꼬르따도]

adj. 잘려진, 잘린
Póngame un café cortado.
에스프레소 커피를 나에게 놓을 거야.
1+1 apegado 달라붙는, 집착한

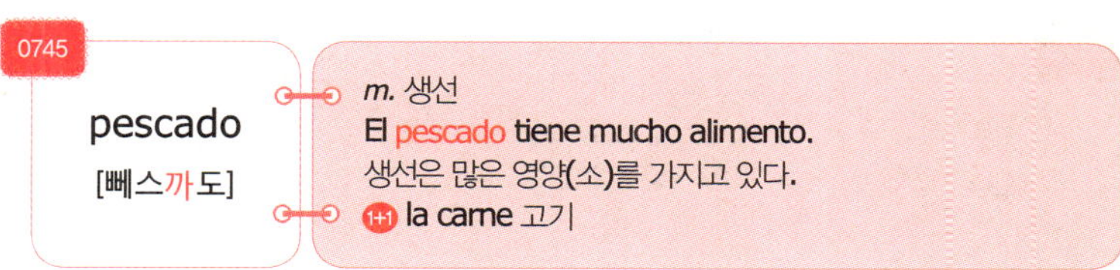

0745

pescado
[뻬스까도]

m. 생선
El pescado tiene mucho alimento.
생선은 많은 영양(소)를 가지고 있다.
1+1 la carne 고기

0746

refresco
[ㄹ~레프레스꼬]

m. (청량) 음료
¿Tiene refresco de limón y piña?
레몬과 파인애플 음료가 있나요?
1+1 la gaseosa 탄산음료

0747

huevo
[우에보]

m. 계란, 알
¿Quieres un huevo duro?
너는 딱딱한 계란을 좋아하니?
1+1 cáscara 껍질

0748

vinagre
[비나그레]

m. 식초
Aún no le he puesto aceite y vinagre a la ensalada.
아직 올리브와 식초를 샐러드에 넣지 않았다.
1+1 pimienta 후추

0749

helado
[엘라도]

m. 아이스크림
Póngame un helado de chocolate con nata.
생크림 얹은 초콜릿 아이스크림을 제게 주세요.
1+1 hielo 얼음

0750

melocotón
[멜로꼬똔]

m. 복숭아
Hay que pelar los melocotones.
복숭아 껍질을 벗겨야 한다.
1+1 uva 포도

0751

exquisito
[엑쓰끼시또]

adj. 맛있는, 훌륭한
La loncha de jamón con una raja de melón es algo exquisito.
멜론 한조각을 보탠 하몽 슬라이스는 조금 절묘한 맛이 있다.
1+1 rico 맛있는

0752

fuego
[푸에고]

m. 불, 불꽃
A fuego lento no se quemará la comida.
약한 불에서는 음식이 타지 않는다.
1+1 incendio 화재

0753

grasa
[그라사]

f. 기름, 지방, 유지
No me gusta el sachichón con mucha grasa.
나는 지방질 많은 소시지를 좋아하지 않는다.
1+1 proteína 단백질

0754

picado
[삐까도]

adj. 다진, 찌른
Deme medio kilo de carne picada.
제게 다진 고기 1/2킬로 주세요.
1+1 cocido 삶은

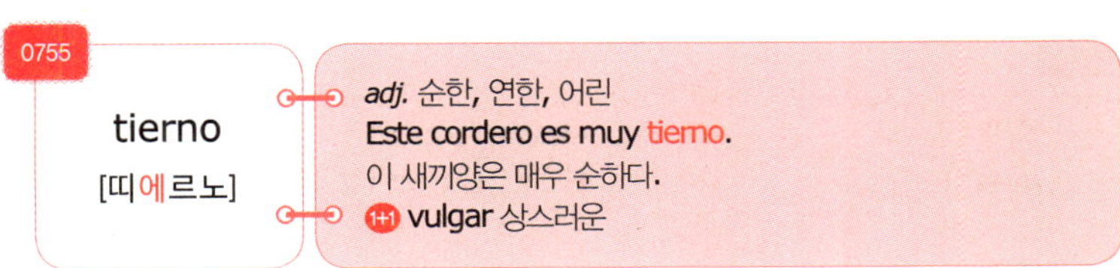

0755

tierno
[띠에르노]

adj. 순한, 연한, 어린
Este cordero es muy tierno.
이 새끼양은 매우 순하다.
1+1 vulgar 상스러운

0756

maíz
[마이쓰]

m. 옥수수
La tortilla mexicana se hace con harina de maíz.
멕시코 또르띠야는 옥수수 가루로 만들어진다.
1+1 trigo 밀

0757

cebolla
[쎄보야]

f. 양파
Lloro cuando pelo cebollas.
양파를 썰 때 나는 눈물을 흘린다.
1+1 la col 배추

0758

incluido
[인끌루이도]

adj. 포함된, 내포된
El servicio está incluido.
서비스가 포함되어 있다.
1+1 excluido 추방된

0759

jarra
[하 ㄹ~라]

f. 단지, 항아리
Traiga otra jarra de cerveza.
맥주 피쳐(단지) 더 가져다주세요.
1+1 tetera 주전자

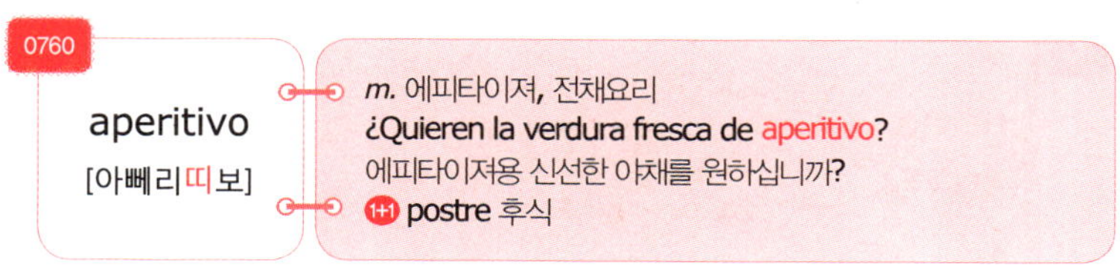

0760

aperitivo
[아뻬리띠보]

m. 에피타이져, 전채요리
¿Quieren la verdura fresca de aperitivo?
에피타이져용 신선한 야채를 원하십니까?
1+1 postre 후식

0761

propina
[쁘로삐나]

f. 팁, 심부름 값
Deje la propina después de comer todo.
다 먹고 나서 팁을 남겨주세요.
1+1 mensaje 심부름, 메시지

0762

rebaja
[ㄹ~레바하]

f. 할인, 가격 인하
En rebajas se puede comprar ropa barata
de caballero y señora.
할인 중에는 신사, 숙녀의 저렴한 옷을 구입할 수 있다.
1+1 ganga 바겐세일

0763

distinto
[디스띤또]

adj. 다른, 구별되는
Te has puesto dos calcetinas distintas.
너는 두 짝의 각기 다른 양말을 신었다.
1+1 semejante 비슷한

0764

abrigo
[아브리고]

m. 외투, 윗저고리
Fernando se ha comprado un abrigo de piel.
페르난도는 가죽 외투를 샀다.
1+1 pantalón 바지

0765

medias
[메디아스]

f.pl. 스타킹
Las medias no duran nada.
스타킹들은 오래가지 않는다.
1+1 calcetín 양말

0766

descalzo
[데스깔쏘]

adj. 맨발의, 빈털터리의
Siempre íbamos descalzos por la playa.
우리는 항상 신발을 벗고 해변을 걸었다.
1+1 calzado 신발

0767

corbata
[꼬르바따]

f. 넥타이
Siempre lleva corbatas a flores.
그는 항상 꽃모양 넥타이를 착용한다.
1+1 corbata de lazo 나비넥타이

0768

albornoz
[알보르노쓰]

m. 목욕가운, 나이트가운
Ponte el albornoz cuando salgas del baño
para no resfriarte.
감기에 걸리지 않기 위해서는 욕실에서 나올 때 목욕 가운을
걸쳐라.
1+1 toalla 타올

0769

detergente
[데떼르헨떼]

m. 세제, 표백제
No ponga tanto detergente.
너무 많은 세제를 넣지 마라.
1+1 lavadora 세탁기

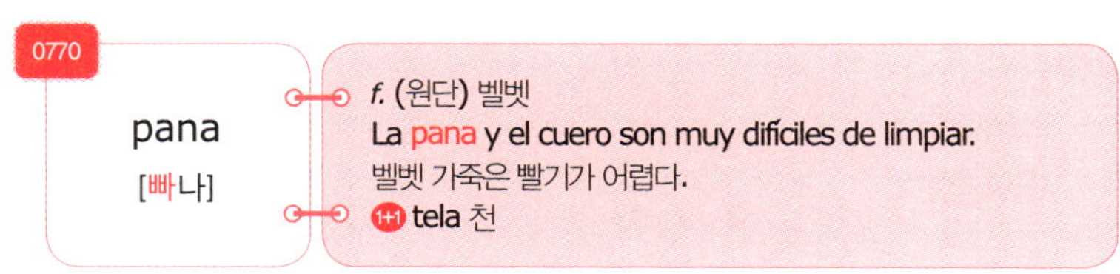

0770 pana
[빠나]

f. (원단) 벨벳
La **pana** y el cuero son muy difíciles de limpiar.
벨벳 가죽은 빨기가 어렵다.
1+1 **tela** 천

0771 fibra
[피브라]

f. 섬유(질)
Esta chaqueta es de **fibra** sintética.
이 자켓은 합성섬유 재질이다.
1+1 **paño** 양털 천

0772 seda
[세다]

f. 실크, 비단
Mi esposa compró la bufanda de **seda**.
내 아내는 실크로 된 머플러를 샀다.
1+1 **tejido** 직물

0773 algodón
[알고돈]

m. 면, 솜
Me gusta llevar ropa de lana o **algodón**.
나는 양모나 면으로 된 옷을 입는 것을 좋아한다.
1+1 **ropa interior** 속옷

0774 fino
[피노]

adj. 질이 우수한, 정교한, 정밀한
La blusa es **fina** y casa transparente.
투명하고 질이 좋은 블라우스이다.
1+1 **tosco** 조잡한

0775

raya
[ㄹ~**라**야]

f. 줄, 선, 괘선
Con el vestido a rayas pareces más delgada.
줄무늬 원피스를 입으니 더 날씬해 보인다.
1+1 línea de puntos 점선

0776

cuadro
[**꽈**드로]

m. 4각형, 체크(무늬)
Estoy buscando una camisa a cuadros.
나는 체크무늬 와이셔츠를 찾고 있다.
1+1 triángulo 삼각형

0777

valioso
[발리**오**소]

adj. 소중한, 귀한, 가치있는
Tu cuñada tiene muchos collares de perlas pero ninguno es valioso.
너의 형수는 많은 진주 목걸이들을 가지고 있지만 어떤 것도 비싼 것이 아니다.
1+1 barato 싼

0778

cachorro
[까**초**ㄹ~로]

m. 강아지, 새끼동물
¡No tires piedras a los cachorros!
강아지들에게 돌을 던지지 마라!
1+1 perro 개

0779

cinturón
[씬뚜**론**]

m. 벨트, 허리띠
Quiero un cinturón de cuero.
나는 가죽 벨트를 원한다.
1+1 cintura 허리

0780

pasamanos
[빠사**마**노스]

m. 난간, 손잡이
Para no caer me sujeté al pasamanos.
나는 떨어지지 않기 위해 난간을 꼭 붙잡았다.
1+1 grada (계단의) 층계

0781

sol
[솔]

m. 태양
Felisa está tomando el sol en la terraza.
펠리사는 테라스에서 태양을 쬐고 있다(일광욕을 하고 있다).
1+1 luna 달

0782

garaje
[가**라**헤]

m. 차고(지)
El garaje es colectivo.
이 차고는 공동소유이다.
1+1 taller (자동차) 정비소

0783

enchufe
[엔**추**페]

m. 플러그, 소켓, 접속자
Los aparatos eléctricos requieren un transformador y
un adaptador para el enchufe en España.
스페인에서 전기기구를 콘센트에 꽂기 위해서는 변압기와 어
댑터가 필요하다.
1+1 interruptor 스위치

0784

hacienda
[아씨**엔**다]

f. 농장, 농원
Mi padre trabaja en una hacienda.
우리 아버지는 대농장에서 일하신다.
1+1 huerta 과수원

0785

fontanero
[폰따네로]

m. 배관공
El fontanero tiene que picar la pared para cambiar la tubería.
배관공은 배관을 바꾸기 위해서 벽을 뚫어야 한다.
1+1 ingeniero 기술자

0786

recién
[ㄹ~레씨엔]

adv. 최근에, 막~한
El armario está recién pintado.
옷장을 최근에 채색했다.
1+1 por último 최후에

0787

propiedad
[쁘로삐에닫]

f. 소유물, 수유지
Este barrio es de propiedad privada.
이 지역은 개인 소유지이다.
1+1 posesión 소유

0788

butaca
[부따까]

f. 안락의자, 팔걸이 의자
Me he comprado una butaca muy cómoda.
나는 편안한 안락의자를 구입했다.
1+1 sillón 팔걸이의자

0789

timbre
[띰브레]

m. 초인종, 벨
El timbre suena como una campana.
초인종은 종처럼 울린다.
1+1 campana 종

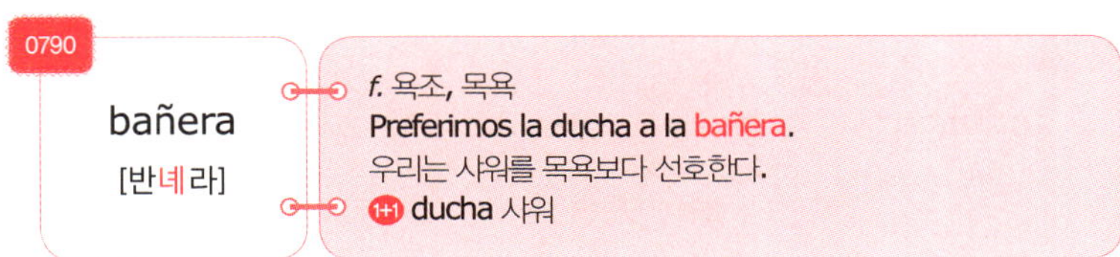

0790

bañera
[반녜라]

f. 욕조, 목욕
Preferimos la ducha a la bañera.
우리는 샤워를 목욕보다 선호한다.
1+1 ducha 샤워

0791

vestíbulo
[베스띠불로]

m. 현관, 로비
Tu abrigo está colgado en el vestíbulo.
네 외투는 현관에 걸려 있다.
1+1 puerta 문

0792

alfombra
[알폼브라]

f. 양탄자, 카펫
Teníamos una alfombra de Egipto.
우리는 이집트 양탄자를 가지고 있었다.
1+1 la mural 벽화

0793

vela
[벨라]

f. 초, 양초
Cenar con luz de velas es romántico.
양초 불빛에서 저녁식사하는 것은 로맨틱하다.
1+1 lámpara 램프

0794

almohada
[알모아다]

f. 베개
Paco duerme sin almohada.
파코는 베개 없이 잔다.
1+1 colchón 매트리스

0795

polvo
[뽈보]

m. 먼지, 가루
Los muebles están llenos de polvos.
가구들은 먼지로 가득 차 있다.
1+1 viento 바람

0796

basura
[바수라]

f. 쓰레기, 오물
La basura generalmente se recoge por la mañana.
쓰레기는 주로 아침에 수거된다.
1+1 reciclaje 재활용

0797

tijeras
[띠헤라스]

f.pl. 가위
Estas tijeras no cortan bien.
이 가위는 잘 잘리지 않는다.
1+1 cúter (종이 자르는) 칼

0798

sartén
[사르뗀]

f. 프라이팬, 냄비
En esta sartén se pega y se quema todo.
이 프라이팬에 모든 것이 타고 눌어붙었다.
1+1 plato 접시

0799

matrimonio
[마뜨리모니오]

m. 결혼, 혼인
El matrimonio de mis nietos es muy feliz.
손자들의 결혼생활은 매우 행복하다.
1+1 divorcio 이혼

0800

hijo
[이 호]

m. 아들
Voy a ser el padrino del primer hijo de mi yerno.
나는 내 사위 첫 아들의 대부가 될 것이다.
1+1 hijastro 의붓아들

0801

gemelos
[헤멜로스]

m.pl. (남자) 쌍둥이
Antonio y Vicente no son gemelos aunque se parecen mucho.
안토니오와 빈센트는 비록 많이 닮았지만, 쌍둥이가 아니다.
1+1 trillizos 세쌍둥이

0802

colega
[꼴레가]

m.f. 동료
El ministro mantuvo un conversación con su colega español.
그 장관은 그의 스페인 동료와 회담을 했다.
1+1 subcolega 후배

0803

socio
[소 씨오]

m. 회원, 조합원, 동료, 개인
Mis primos son socios de un club mío.
나의 사촌들은 동아리의 회원들이다.
1+1 miembro 회원, 일원

0804

culpa
[꿀 빠]

f. 과오, 잘못, 죄
Se ha roto el ordenador por tu culpa.
너의 잘못 때문에 컴퓨터가 망가졌다.
1+1 justicia 공정, 정의

0805

posibilidad
[뽀시빌리닫]

f. 가능성, 실현성
¿Qué posibilidades hay para que haya paz?
평화가 있기 위해 어떤 가능성들이 있나?
1+1 la certidumbre 확실성

0806

criterio
[끄리떼리오]

m. 척도, 기준
Estos criterios son opuestos a nuestro concepto.
이런 기준들은 우리의 컨셉에 어긋나는 것이다.
1+1 estándar 기준

0807

esencial
[에쎈씨알]

adj. 필수적인, 필연적인
Lo esencial no es la cantidad, sino la calidad.
필수적인 것은 양이 아니라 질이다.
1+1 básico 기초적

0808

apreciable
[아쁘레씨아블레]

adj. 평가할 수 있는, 가치있는, 존중할 만한
Su actitud es muy apreciable.
당신의 행동은 매우 존중받을 만합니다.
1+1 suspendido 낙제한

0809

tolerante
[똘레란떼]

adj. 관대한, 참을만한
No todos los amigos son tan tolerantes como tú.
모든 친구들은 너 만큼 그렇게 관대하지 못하다.
1+1 inpaciente 답답한

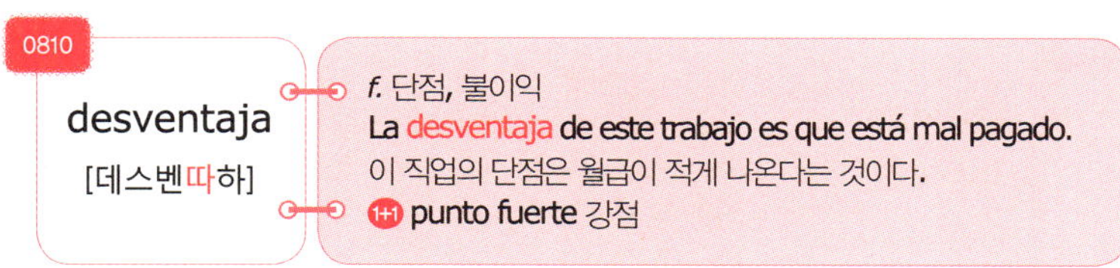

0810

desventaja
[데스벤**따**하]

f. 단점, 불이익
La **desventaja** de este trabajo es que está mal pagado.
이 직업의 단점은 월급이 적게 나온다는 것이다.
1+1 **punto fuerte** 강점

0811

arbitrario
[아르비뜨**라**리오]

adj. 임의의, 멋대로의, 중재의
No toleramos decisiones **arbitrarias**.
임의의 결정을 참을 수 없다.
1+1 **definitivo** 확정적

0812

confuso
[꼰**푸**소]

adj. 어수선한, 막연한, 분명하지 못한
Su explicación fue tan **confusa** que no la entendí.
그의 설명은 너무 혼란스러워서 내가 이해하지 못할 정도였다.
1+1 **arreglado** 정리된

0813

queja
[**께**하]

f. 불평, 불만
Estoy harto de oír **quejas**.
나는 불평들을 듣는 것에 질렸다.
1+1 **admiración** 칭찬

0814

falso
[**팔**소]

adj. 거짓된, 잘못된, 오류의
Los **falsos** amigos son más peligrosos que los enemigos.
거짓된 친구들은 적들보다 더 위험하다.
1+1 **verdadero** 진짜의, 진실한

0815

prosperidad
[쁘로스뻬리**닫**]

f. 번영, 융성, 번창
En algunas ciudades se ve la prosperidad de sus habitantes.
어떤 도시들에서는 거주민들의 번창하는 것이 보인다.
1+1 ruina 퇴락

0816

posesión
[뽀세시**온**]

f. 소유, 소지
La posesión de drogas duras está prohibida en países modernos.
현대국가에서는 마약의 소유가 금지되어 있다.
1+1 pobretón 빈털터리

0817

certificado
[쎄르띠피**까**도]

m. 증명서, 자격증. *adj.* 증명되는
Necesito un certificado académico.
나는 학업 증명서가 필요하다.
1+1 aviso 고지서

0818

obligatorio
[오블리가**또**리오]

adj. 의무의, 필수의
Es obligatorio en España ir a la escuela hasta los dieciséis años.
16살 까지는 학교에 가는 것이 의무다.
1+1 opcional 선택적

0819

bachillerato
[바치예**라**또]

m. 고등학교
El bachillerato español termina con la Prueba de Admisión Universitaria(P.A.U).
스페인의 고등학교는 대학교 입학 시험과 함께 끝난다.
1+1 kindergarten 유치원

0820

evaluación
[에발루아씨온]

f. 평가
El año pasado saqué malas notas en las evaluaciones de Matemáticas.
작년에 수학 수행 평가에서 안 좋은 성적을 받았다.
1+1 estimación 평가, 견적

0821

jubilado
[후빌라도]

adj. 퇴직한, 연금을 받는 *m.* 은퇴자, 연금 수령자
José tiene sesenta y cinco años y está jubilado.
호세는 75세이고 은퇴하였다.
1+1 desempleo 실직

0822

paro
[빠로]

m. 실업, 휴업
El paro juvenil es un problema actual.
청년 실업은 현실 문제이다.
1+1 huelga 파업

0823

quiebra
[끼에브라]

f. 손실, 손해, 실패
El teatro está en quiebra y no habrá concurso de actores.
극장은 파산 상태라서 배우들을 선발할 수 없을 것이다.
1+1 beneficio 이익

0824

campeón
[깜뻬온]

m. 챔피언, 우승자
¿Quién es el actual campeón del mundo de fútbol?
현재 축구에서 세계 챔피언이 누구인가?
1+1 desafiador 도전자

0825

meta
[메 따]

f. 결승점, 목표, 목적
Pablo no estaba en forma y por eso no llegó a la meta.
파블로는 몸 상태가 안 좋다. 그래서 목표에 도달하지 못했다.
1+1 punto de partida 출발점

0826

pantalla
[빤따야]

f. 스크린, 화면
En los cines de verano un muro blanco hace de pantalla.
여름에 영화관에서는 하얀색 벽이 스크린 역할을 한다. 바뀐다.
1+1 monitor 모니터

0827

escena
[에스쎄 나]

f. 장면, 막
La última escena de la película fue muy emocionante.
영화의 마지막 장면은 매우 감동적이었다.
1+1 escenario 무대

0828

nochevieja
[노 체비에 하]

f. 섣달그믐, 12월 31일 밤
Cuando suenan las doce de la noche en Nochevieja
los españoles toman doce uvas
12월 31일 자정에 종이 울릴 때 스페인 사람들은 12 갈의 포도
를 먹는다.
1+1 noche de perros 날씨가 궂은 밤

0829

suerte
[수에르때]

f. 운, 행운
para tener suerte en el Año Nuevo.
새해에 좋은 운을 가지기 위하여
1+1 lotería 복권

0830

nochebuena
[노체부에나]

f. 크리스마스이브
Los españoles colocan ahora en Nochebuena el árbol de Navidad.
스페인 사람들은 크리스마스이브에 크리스마스트리를 설치한다.
1+1 nocherniego 밤에 돌아다니는

0831

equipaje
[에끼빠헤]

m. 짐, 여장, 수하물
Cuando vamos de vacaciones, siempre llevamos demasiado equipaje.
우리는 휴가를 갈 때 항상 지나치게 많은 짐을 가지고 간다.
1+1 bulto 꾸러미

0832

guía
[기아]

f. 가이드, 안내. **m.f.** 가이드(사람), 안내원
En el Prado una guía nos explicó los cuadros de Velázquez.
프라도 미술관에서 가이드가 우리에게 벨라스케스의 그림들에 대해 설명해 주었다.
1+1 turista 여행객

0833

dato
[다또]

m. 자료, 데이터
Rellene el formulario que indica sus datos personales.
당신의 개인 자료를 표시할 수 있는 양식을 채워주세요.
1+1 fichero 파일(철)

0834

pelota
[뻴로따]

f. 공
Mi amigo puede sacar claro la pelota.
내 친구는 공을 받아치도록 잘 되돌려 보낸다.
1+1 balón 큰 공

0835

vuelta
[부엘따]

f. 회전, 선회
De **vuelta**, me encontré con María en la calle.
돌아오는 길에, 난 길에서 마리아와 마주쳤다.
1+1 de ida 편도

0836

folleto
[포예또]

m. 소책자, 안내책자
En este **folleto** se anuncian viajes muy económicos.
이 책자는 매우 경제적인 여행들을 광고하고 있다.
1+1 enciclopedia 대사전

0837

satisfecho
[사띠스페초]

adj. 만족스런, 만족한
Estamos **satisfecho** con el servicio del Hotel.
우리는 그 호텔의 서비스에 매우 만족한다.
1+1 descontento 불만스런

0838

aventura
[아벤뚜라]

f. 모험, 탐험
Nuestro viaje a China fue realmente una **aventura**.
우리의 중국 여행은 엄청난 모험이었다.
1+1 excursión 소풍

0839

mozo
[모쏘]

m. 짐꾼, 웨이터, (호텔)직원
Le he dado una propina al **mozo** por haberme subido el equipaje a la habitación.
나는 (호텔)직원에게 침실로 짐을 올려 준 것에 대하 팁을 주었다.
1+1 camarero 웨이터

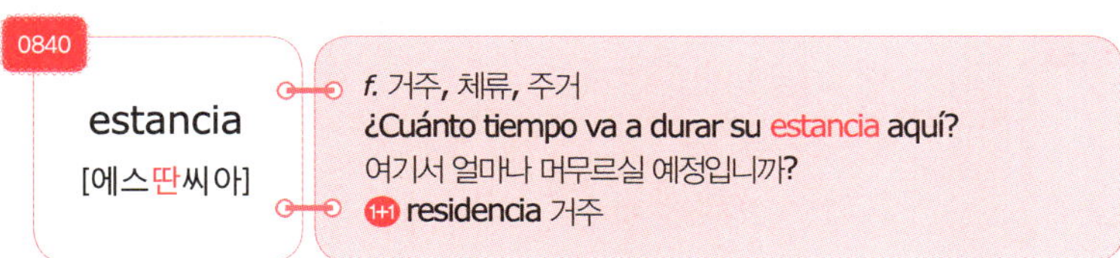

0840

estancia
[에스**딴**씨아]

f. 거주, 체류, 주거
¿Cuánto tiempo va a durar su estancia aquí?
여기서 얼마나 머무르실 예정입니까?
1+1 residencia 거주

0841

catedral
[까떼드**랄**]

f. 대성당, 성당
La catedral de Burgos es una de las iglesias más
grandes de España.
부르고스 성당은 스페인에서 가장 큰 성당 중의 하나이다.
1+1 templo 사원

0842

cartel
[까르**뗄**]

m. 포스터, 전단
En la escuela tengo un cartel de toros.
학교에 난 투우에 관한 포스터를 가지고 있다.
1+1 póster 포스터

0843

retrato
[르~레뜨**라**또]

m. 초상화, (인물) 사진
¿Has visto el retrato de mi abuelo?
우리 할아버지 사진을 본 적 있니?
1+1 la foto 사진

0844

conjunto
[꼰**훈**또]

m. 합주, 합창, 총체
¿Sabes qué conjunto toca esta noche?
오늘 밤 무슨 연주가 되는지 알고 있니?
1+1 coro 합창

0845

gira
[히라]

f. 선회, 회전
El año pasado estuvimos de gira por todo el mundo.
작년에 우리는 세계 여행을 했다.
1+1 girasol 해바라기

0846

leyenda
[레옌다]

f. 전설, 설화
Existen muchas leyendas sobre El Cid.
엘시드에 관한 전설이 굉장히 많다.
1+1 rumor 소문

0847

paraíso
[빠라이소]

m. 천국, 파라다이스
Adán y Eva pecaron en el paraíso.
아담과 이브는 천국에서 죄를 저질렀다.
1+1 infierno 지옥

0848

milagro
[밀라그로]

m. 기적, 신비
Es casi un milagro que haya vuelto a ver.
다시 볼 수 있다는 것은 거의 기적이다.
1+1 misterio 불가사의

0849

templo
[뗌쁠로]

m. 사원, 신전, 성당
Muchos templos fueron destruidos durante la conquista.
강점기 동안 많은 사원들이 파괴되었다.
1+1 monje 수도사, 승려

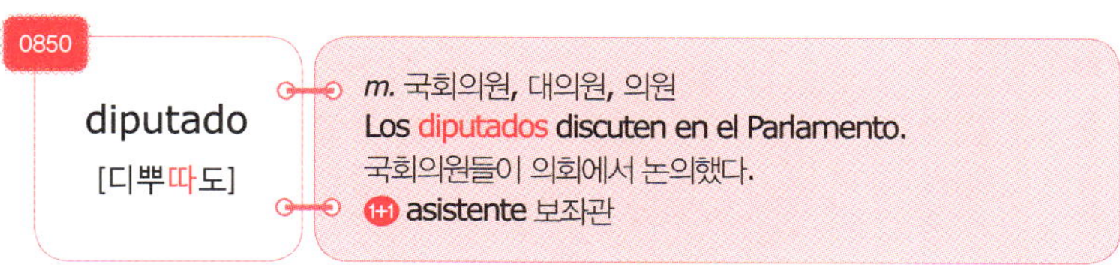

0850

diputado
[디뿌**따**도]

m. 국회의원, 대의원, 의원
Los **diputados** discuten en el Parlamento.
국회의원들이 의회에서 논의했다.
1+1 **asistente** 보좌관

0851

ministro
[미**니**스뜨로]

m. 장관, 대신
Los **ministros** votaron contra el presidente.
장관들이 대통령에게 반대표를 던졌다.
1+1 **primer ministro** 총리

0852

autoridad
[아우또리**닫**]

f. 당국, 당국자, 권력, 권능
Las **autoridades** sanitarias recomiendan la vacunación contra la malaria.
보건 당국은 말라리아 예방 접종을 권장한다.
1+1 **comunidad** 공동체

0853

juez
[후**에**쓰]

m. 판사, 재판관
Los **jueces** no lo pueden saber todo.
판사들이 모든 것을 알 수는 없다.
1+1 **fiscal** 검사

0854

justo
[후스또]

adj. 옳은, 바른, 정당한
La pena fue **justa**.
그 벌은 정당했다.
1+1 **injusto** 부당한

0855

fiscal
[피스깔]

m. 검사, 검찰관
El fiscal pidió tres años de condena por fraude fiscal.
검사는 탈세에 대해 징역 3년을 요구했다.
1+1 detective 형사, 탐정

0856

abogado
[아보가도]

m. 변호사
Esta tarde tengo una cita conmi abogado.
오늘 오후에 제 변호사와 약속이 있습니다.
1+1 portavoz 대변인

0857

sospecha
[소스뻬차]

f. 속임, 의심, 의혹
Tengo la sospecha de que me están engañando.
그들이 날 속이고 있다는 의심이 간다.
1+1 convicción 확신

0858

corrupción
[꼬룹씨온]

f. 부패, 타락
La lucha contra la corrupción es un grave problema.
부정부패에 대한 투쟁은 심각한 문제이다.
1+1 soborno 뇌물

0859

provincia
[쁘로빈씨아]

f. 주(州), 도
Las provincias españolas tienen gobiernos autónomos.
스페인의 주들은 자치 정부를 가지고 있다.
1+1 comunidad autónoma 지자체

0860

bandera
[반**데**라]

f. 기, 깃발
Las provincias autónomas tienen una bandera propia.
자치주들은 각각 그들만의 깃발을 가지고 있다.
1+1 cañón 깃대

0861

sede
[**세**데]

f. 본부, 본점
¿Dónde está la sede de la Unidad Europea?
유럽 연합의 본부는 어디에 있습니까?
1+1 la sucursal 지점

0862

comité
[꼬미**떼**]

m. 위원회
El Comité Olímpico aceptó el coreano para la Olimpíada 1988.
올림픽 위원회는 1988 올림픽을 위해 한국인을 받아들였다.
1+1 sesión 회의

0863

potencia
[뽀**뗀**씨아]

f. 힘, 능력, 권력
El Tercer Mundo sufre la dependencia de las grandes potencias.
제 3세계는 강대국들에게로의 의존을 겪었다.
1+1 debilidad 약함

0864

víctima
[**빅**띠마]

f. 희생자, 희생물
La mayoría de las víctimas de las guerras son inocentes.
전쟁의 희생양의 대부분은 무고하다.
1+1 salvador 구원자

0865

refugio
[르~레**푸**히오]

m. 대피소, 피난처
No hay refugio atómicos para todo el pueblo.
모든 사람을 위한 원자폭탄 대피소는 없다.
1+1 reposo 휴식, 쉼

0866

huerta
[우**에**르따]

f. 과수원
La huerta de Daegu es muy productiva.
대구의 과수원은 매우 생산적이다.
1+1 haza 밭, 경작지

0867

pez
[**뻬**쓰]

m. 물고기
Algunos peces comen peces, pero las personas comen pescado.
몇몇 물고기들은 물고기들을 먹지만 사람들은 물고기를 먹는다.
1+1 pesca 낚시

0868

energía
[에네르**히**아]

f. 힘, 에너지
La industria consume mucha energía.
산업은 많은 에너지를 소비한다.
1+1 fuerza 힘

0869

gerente
[헤**렌**떼]

m.f. 메니저, 중간간부
El gerente no sabía nada de su pedido.
매니저는 당신의 주문에 대해 아무것도 몰랐어요.
1+1 director 장, 부장

0870

venta
[벤따]

f. 판매, 매각
No puedo aceptar sus condiciones de venta.
나는 판매 조건을 받아들일 수 없다.
1+1 oferta 공급

0871

compra
[꼼쁘라]

f. 구매, 구입
La compra de este edificio ha sido un buen negocio.
이 빌딩 구입은 좋은 계약이었다.
1+1 demanda 수요

0872

competencia
[꼼뻬뗀씨아]

f. 경쟁, 적성, 자격, 능력
Este asunto no es de mi competencia.
이 일은 내 능력 밖이다.
1+1 monopolio 독점

0873

garantía
[가란띠아]

f. 보증, 담보
Algunos coches ya tienen tres años de garantía.
몇몇 차들은 3년의 품질 보증 기간을 가지고 있다.
1+1 prenda 저당

0874

cajero
[까헤로]

m. 수납담당, 회계담당
El cajero automático no acepta su tarjeta de crédito.
ATM 기계가 당신의 신용카드를 받을 수 없습니다.
1+1 contable 회계사

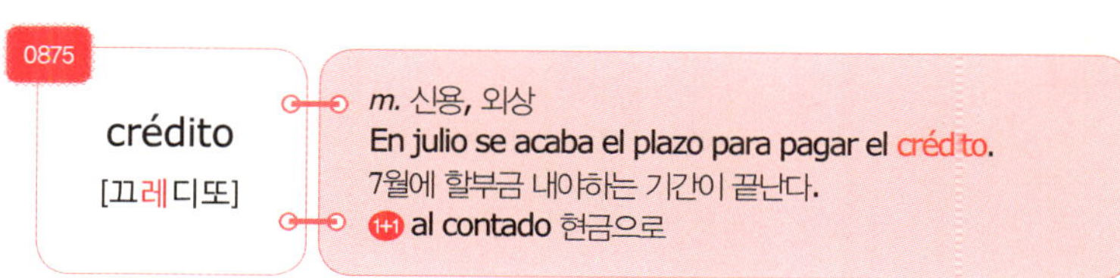

0875

crédito
[끄레디또]

m. 신용, 외상
En julio se acaba el plazo para pagar el crédito.
7월에 할부금 내야하는 기간이 끝난다.
1+1 al contado 현금으로

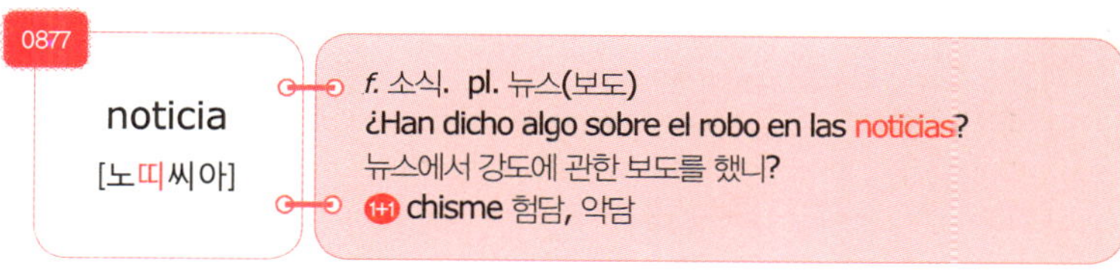

0876

estampilla
[에스땀삐야]

f. 우표, 스템프
Tengo que ir a Correos para comprar estampillas.
나는 우표를 사기 위해 우체국에 가야 한다.
1+1 sobre 봉투

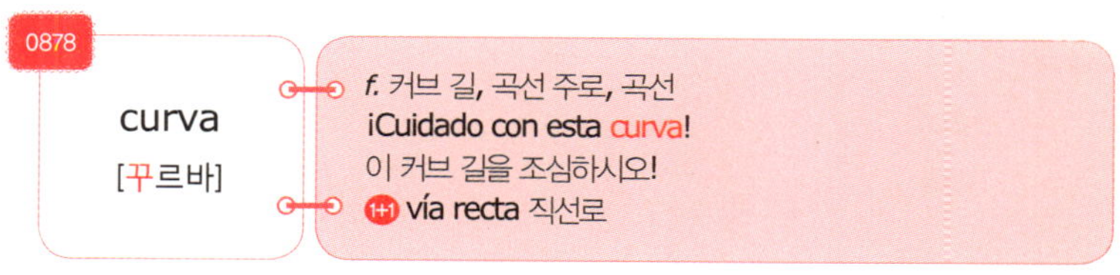

0877

noticia
[노띠씨아]

f. 소식. pl. 뉴스(보도)
¿Han dicho algo sobre el robo en las noticias?
뉴스에서 강도에 관한 보도를 했니?
1+1 chisme 험담, 악담

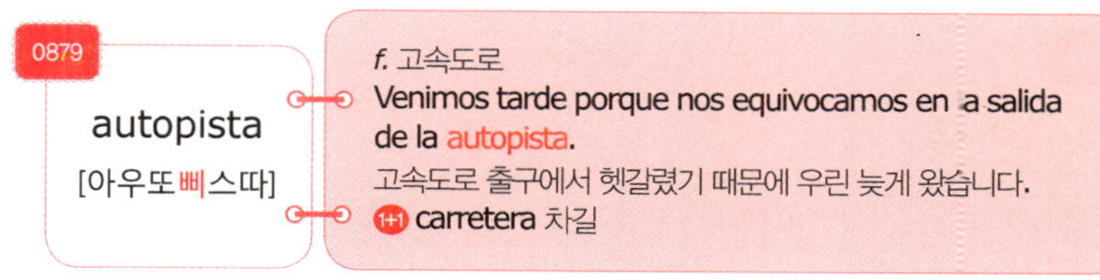

0878

curva
[꾸르바]

f. 커브 길, 곡선 주로, 곡선
¡Cuidado con esta curva!
이 커브 길을 조심하시오!
1+1 vía recta 직선로

0879

autopista
[아우또삐스따]

f. 고속도로
Venimos tarde porque nos equivocamos en la salida
de la autopista.
고속도로 출구에서 헷갈렸기 때문에 우린 늦게 왔습니다.
1+1 carretera 차길

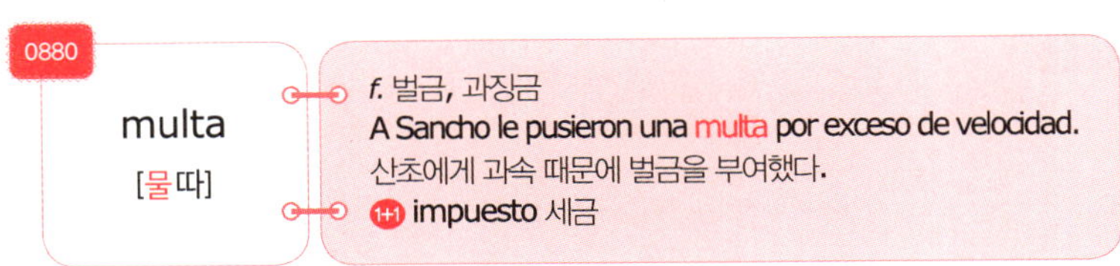

0880

multa
[물따]

f. 벌금, 과징금
A Sancho le pusieron una multa por exceso de velocidad.
산초에게 과속 때문에 벌금을 부여했다.
1+1 impuesto 세금

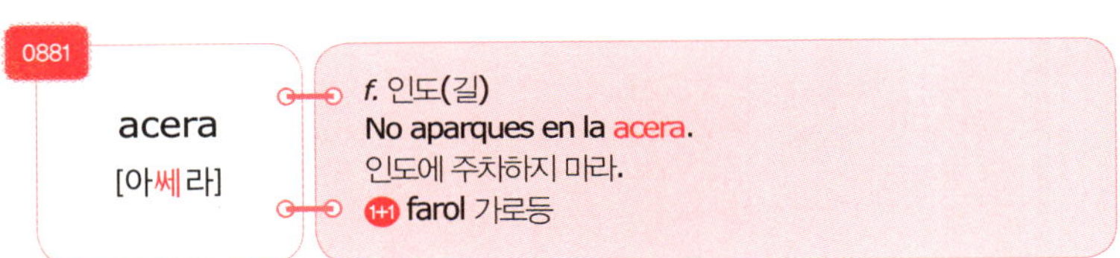

0881

acera
[아쎄라]

f. 인도(길)
No aparques en la acera.
인도에 주차하지 마라.
1+1 farol 가로등

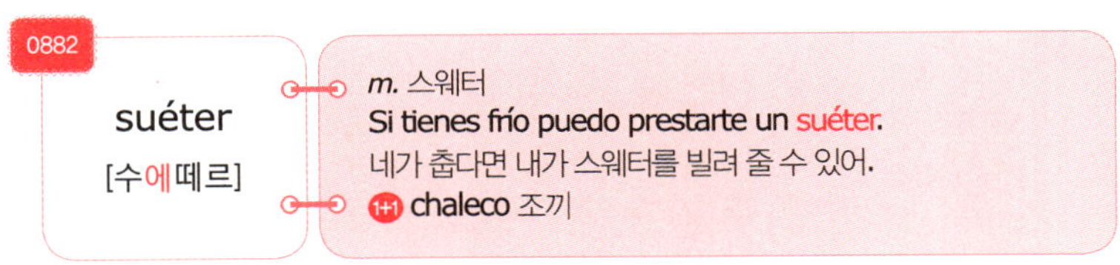

0882

suéter
[수에떼르]

m. 스웨터
Si tienes frío puedo prestarte un suéter.
네가 춥다면 내가 스웨터를 빌려 줄 수 있어.
1+1 chaleco 조끼

0883

débil
[데빌]

adj. 약한, 힘없는
Las pocas voces que oí me parecían muy débiles.
내가 들은 몇 안 되는 목소리들은 굉장히 작은 듯했다.
1+1 fuerte 강한

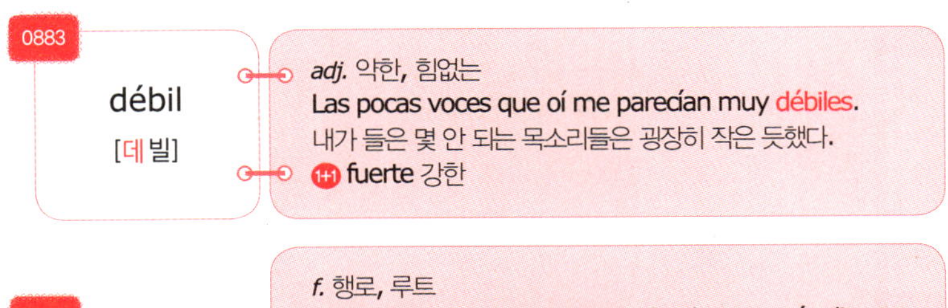

0884

ruta
[르~루따]

f. 행로, 루트
Ninguno de mis mapas me indica la ruta más directa a la ciudad.
내가 가지고 있는 지도 중에는 그 도시로 바로 갈 수 있는 경로를 알려주는 것이 없다.
1+1 pista 트랙, 발자국

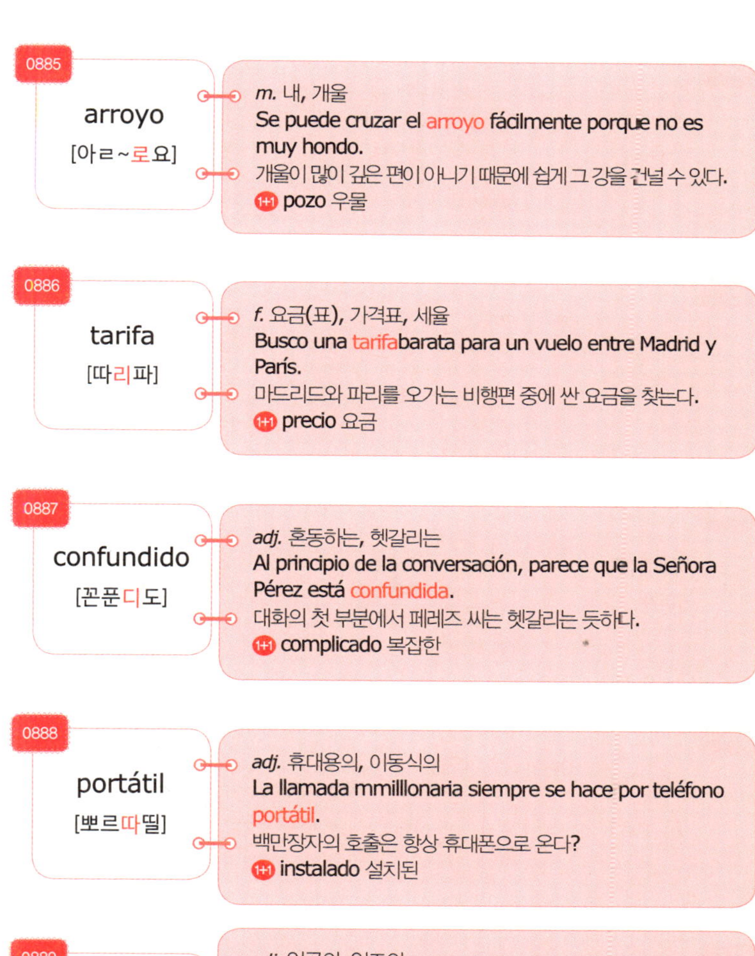

0885

arroyo
[아르~로요]

m. 내, 개울
Se puede cruzar el arroyo fácilmente porque no es muy hondo.
개울이 많이 깊은 편이 아니기 때문에 쉽게 그 강을 건널 수 있다.
1+1 pozo 우물

0886

tarifa
[따리파]

f. 요금(표), 가격표, 세율
Busco una tarifa barata para un vuelo entre Madrid y París.
마드리드와 파리를 오가는 비행편 중에 싼 요금을 찾는다.
1+1 precio 요금

0887

confundido
[꼰푼디도]

adj. 혼동하는, 헷갈리는
Al principio de la conversación, parece que la Señora Pérez está confundida.
대화의 첫 부분에서 페레즈 씨는 헷갈리는 듯하다.
1+1 complicado 복잡한

0888

portátil
[뽀르따띨]

adj. 휴대용의, 이동식의
La llamada mmilllonaria siempre se hace por teléfono portátil.
백만장자의 호출은 항상 휴대폰으로 온다?
1+1 instalado 설치된

0889

artificial
[아르띠피씨알]

adj. 인공의, 인조의
Actualmente, las carreras empiezan cuando suena el ruido de fuegos artificiales.
사실 경주는 불꽃놀이 울리는 소리로 시작된다.
1+1 natural 자연의

0890 santo [산또]

m. 성자, 성인.　*adj.* 성스러운
Lo que se celebran en las fiestas de San Fermín es la relación entre el santo y la ciudad.
축제에서 거행되는 것들은 성인과 도시의 관계이다.
1+1 profano 불경한

0891 pastor [빠스또르]

m. 목동, 목자
Antiguamente los pamplones dejaban a los pastores correr detrás de los animales.
오래전에 빰쁠로나 사람들은 목동들이 동물 뒤쪽에서 뛰도록 했었다.
1+1 cáfila 무리, 떼

0892 apoyo [아뽀요]

m 지원, 도움
El joven recibe el apoyo necesario para realizar sus posibilidades.
그 젊은이는 가능성을 실현시키기 위해 필요한 지원을 받는다.
1+1 ayuda 도움

0893 tirante [띠란떼]

adj. 팽팽한, 긴장되는, 긴박한
Parece que la familia gozaba de unas relaciones tirantes.
그 가족은 긴장된 관계를 즐기는 듯하다.
1+1 flojo 느슨한

0894 desdeñoso [데스데뇨소]

adj. 오만불손한, 경멸적, 매정한
La actitud de la abuela al mirar por la ventana era desdeñosa.
창밖을 바라보는 할머니의 태도는 매정했다.
1+1 respetuoso 공손한, 정중한

0895

barca
[바르까]

f. (소형) 배, 나룻배
La narradora dice que al pie de unos escalores había un lugar para poner barcas.
화자는 계단 아래쪽에 배들을 정박하기 위한 장소가 있었다고 말한다.
1+1 bote 보트, 돛단배

0896

selección
[셀렉씨온]

f. 선택, 선발
La selección enfoca en un grupo de jóvenes que viven en un barrio desventajado.
그 선발은 혜택받지 못한 지역에 살고 있는 젊은0 그룹에 초점을 맞춘다.
1+1 concentración 집중

0897

valle
[바예]

m. 계곡, 골짜기
Esa ciudad estásituada en un valle.
그 도시는 골짜기에 위치해 있다.
1+1 la cumbre 산 정상, 정점

0898

castillo
[까스띠요]

m. 성(城), 성채
Nos gusta construir castillos de arena.
우리는 모래성을 쌓는 것을 좋아한다.
1+1 muralla 성벽, 담

0899

fantasma
[판따스마]

m. 유령, 도깨비
En la casa anda un fantasma.
그 집에서는 유령이 나타난다.
1+1 leyenda 전설

0900

disfraz
[디스프라쓰]

m. 변장, 가장, 위장
Los disfraces entretienen mucho al público.
변장은 대중들을 즐겁게 한다.
1+1 baile de máscaras 가면무도회

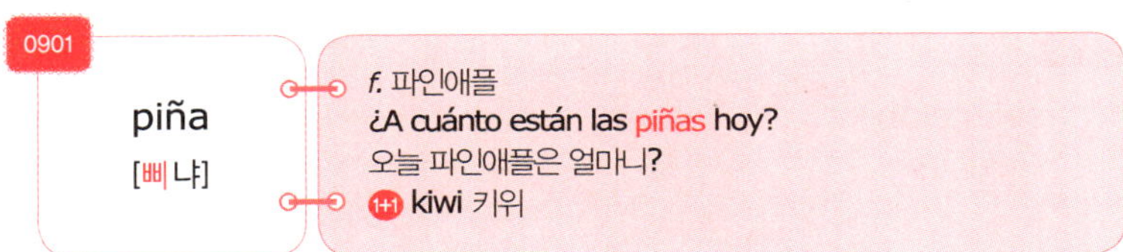

0901

piña
[삐냐]

f. 파인애플
¿A cuánto están las piñas hoy?
오늘 파인애플은 얼마니?
1+1 kiwi 키위

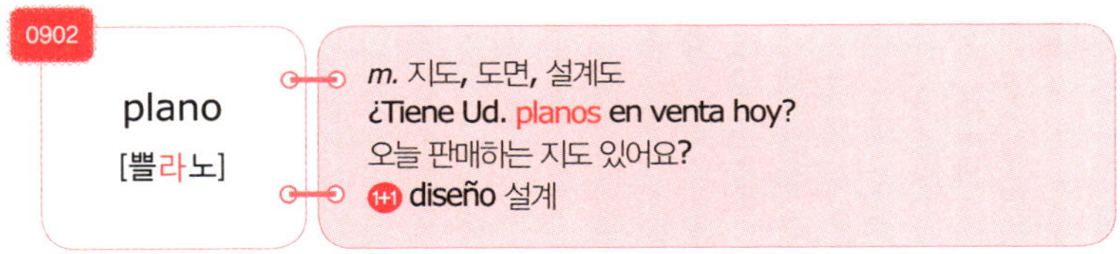

0902

plano
[쁠라노]

m. 지도, 도면, 설계도
¿Tiene Ud. planos en venta hoy?
오늘 판매하는 지도 있어요?
1+1 diseño 설계

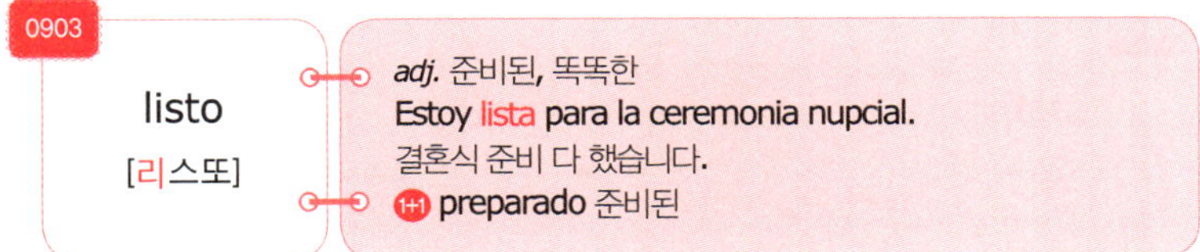

0903

listo
[리스또]

adj. 준비된, 똑똑한
Estoy lista para la ceremonia nupcial.
결혼식 준비 다 했습니다.
1+1 preparado 준비된

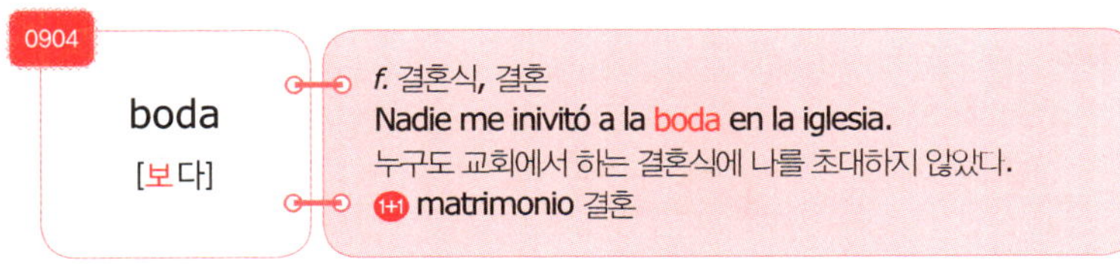

0904

boda
[보다]

f. 결혼식, 결혼
Nadie me inivitó a la boda en la iglesia.
누구도 교회에서 하는 결혼식에 나를 초대하지 않았다.
1+1 matrimonio 결혼

09C5

figura
[피**구**라]

f. 형체, 모습, (조각) 상, 인물
Nadie en la calle presta atención a las figuras.
그 조각상들에 관심을 가지는 사람은 거리에 아무드 없다.
1+1 escultura 조각(상)

C906

apropiado
[아쁘로**삐아**도]

adj. 적합한, 적절한
Estoy pensando en algo elegante, pero a la vez apropiado.
나는 우아한 것을 생각하면서, 하지만 동시에 적절한 것을 생각 중입니다.
1+1 redundante 과다한

0907

nota
[**노**따]

f. 성적, 기호, 메모
Ese profesor tiene fama de dar notas muy altas en todos sus cursos.
그 교수님은 모든 수업에서 매우 높은 점수를 주시기로 유명합니다.
1+1 apunte 기록, 필기

0908

trenza
[뜨**렌**싸]

f. (세 가닥으로 땋은) 머리, 세 가닥으로 꼬기
Tenía trenzas muy largas y negras que le caían hasta la cintura.
허리까지 늘어뜨린 긴 검은 땋은 머리를 가지고 있었다.
1+1 pelo 머리카락

0909

glaciar
[글라씨**아**르]

m. 빙하, 얼음덩어리
El agua bajaba de los glaciares helados.
물은 얼어있는 빙산으로부터 내려 왔다.
1+1 hielo 얼음

0910

ronco
[르~**론**꼬]

adj. 코고는 소리의, 쉰 소리의, 걸걸한 목소리의
La voz se le quedó completamente ronca de tanto gritar en el partido.
경기에서 소리를 너무 많이 질렀기 때문에 그의 목소리는 쉬었다.
1+1 crujido 이 가는 소리

0911

mariposa
[마리**뽀**사]

f. 나비
Parece increíble que las mariposas viejen a la isla Jeju.
나비들이 제주도까지 간 것은 믿을 수 없어 보인다.
1+1 libélula 잠자리

0912

efecto
[에**펙**또]

m. 결과, 효과, 사실
El efecto de la nieve era unir a toda la comunidad.
눈의 효과는 공동체 모든 사람들을 단결하게 만들었다.
1+1 influencia 영향

0913

ansioso
[안시**오**소]

adj. 불안해하는, 욕심스러운
Parece que María se sentía ansiosa.
마리아는 불안함을 느꼈었던 것 같다.
1+1 avaro 탐욕스런

0914

expresión
[엑쓰쁘레시**온**]

f. 표현, 말씨
El romance consiste en expresiones de amor facilitadas por la tarjeta.
로맨스는 카드를 통한 유용한 사랑의 표현들로 구성이 된다.
1+1 entonación 억양

0915

billete
[비에떼]

m. 지폐, 표, 입장권
Los niños pagan medio billete hasta los siete (años).
일곱 살까지는 반액입니다.
1+1 cheque 수표

0916

casco
[까스꼬]

m. 헬멧, 투구
Siempre es más seguro llevar el casco en motos.
오토바이를 탈 때는 항상 헬멧을 쓰는 것이 더 안전하다.
1+1 yelmo (옛날) 투구

0917

rueda
[르~루에다]

f. 바퀴, 타이어
Me han pinchado las cuatro ruedas.
내 차의 바퀴 네 개가 모두 펑크가 났다.
1+1 neumático de repuesto 예비타이어

0918

porvenir
[뽀르베니르]

m. 장래(성), 미래
Esta compañía tiene un gran porvenir.
이 회사는 장래성이 있다.
1+1 ensueño 환상

0919

campesino
[깜뻬시노]

m. 농부, 시골사람
Mis abuelos eran campesinos.
내 할아버지와 할머니는 농부이셨다.
1+1 agricultor 농부

0920

espléndido
[에스쁠렌디도]

adj. 빛나는, 찬란한, 화려한
El día era espléndido.
그 날은 참 좋았다.
➊➊ desanimado 풀이 죽은

0921

ejército
[에헤르씨또]

m. 군대, 육군
No me gusta nada la vida del ejército.
나는 군대의 삶이 싫다.
➊➊ Fuerza aérea 공군

0922

opción
[옵씨온]

f. 선택, 옵션
Nadie ha pensado en tantas opciones.
그 누구도 그렇게 많은 옵션을 생각해내지 못했다.
➊➊ obligación 의무

0923

voluntad
[볼룬딷]

f. 의지, 뜻
Nos lo mandó por propia voluntad.
(그는) 자신의 의지로 우리에게 그것을 명령했다.
➊➊ otra intención 타의

0924

comedia
[꼬메디아]

f. 연극, 희극
Hizo comedia cuando lo detuvo la policía.
경찰이 그를 체포했을 때 연극을 했다.
➊➊ tragedia 비극

0925

aire
[아이레]

m. 공기, 대기
Pasaron la noche al aire libre.
그들은 야외에서 밤을 보냈다.
1+1 oxígeno 산소

0926

aparte
[아빠르떼]

adj. 따로, 나누어. *adv.* 별도의
Aparte del boxeo no le gustan los deportes.
그는 복싱 빼고는 좋아하는 스포츠가 없다.
1+1 junto 뭉친

0927

término
[떼르미노]

m. 용어, 기한, 결말
Llueve una vez al mes, por término medio.
평균적으로 한 달에 한번 비가 내린다.
1+1 la frase (어)구

0928

diablo
[디아블로]

m. 악마
Salió como alma que lleva el diablo.
그는 악마가 데리고 가는 사람처럼 나갔다.
1+1 ángel 천사

0929

alma
[알마]

f. 영혼, 정신, 사람
No se veía un alma.
아무도 볼 수 없었다.
1+1 espíritu 정신, 의욕

0930

fondo
[폰도]

m. 바닥, 기저, 본질, 핵심, 안쪽
Entramos en el fondo del misterio.
우리는 신비함의 한 가운데로 들어갔다.
1+1 la superficie 표면

0931

rumbo
[르~룸보]

m. 방향, 방위
Voy rumbo a mi casa.
나는 내 집 쪽으로 간다.
1+1 dirección 방향

0932

pan
[빤]

m. 빵　※ a pan y agua 적은 식량으로
Lo pusieron a pan y agua.
그들은 아주 적은 식량으로 그것을 (밥상으로) 차렸다.
1+1 tarta 케이크

0933

casualidad
[까수알리닫]

f. 우연(함)
¿Tiene por casualidad mi libro?
혹시 당신이 제 책을 가지고 있습니까?
1+1 inevitabillidad 필연

0934

cargo
[까르고]

m. 책임, 짐, 부담
Ella se hizo cargo de los dependientes.
그녀는 점원들의 담당자이다.
1+1 garantía 보증

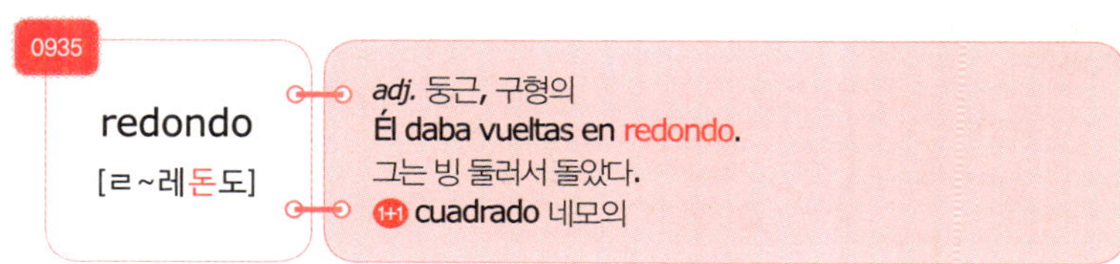

0935

redondo
[ㄹ~레**돈**도]

adj. 둥근, 구형의
Él daba vueltas en redondo.
그는 빙 둘러서 돌았다.
1+1 cuadrado 네모의

0936

circunstancia
[씨르꾼스**딴**씨아]

f. 환경, 상황
En estas circunstancias es lo único que podemos hacer.
이런 경우에는 (그것이) 우리가 할 수 있는 유일한 것이다.
1+1 el ecosistema 생태계

0937

costa
[**꼬**스따]

f. 해안, 해안가
Ya no hay nadie en la costa.
이제는 해안가에 아무도 없다.
1+1 el litoral 해안지대

0938

oportunidad
[오뽀르뚜니**닫**]

f. 기회, 호기
Contesta a la primera oportunidad.
첫 번째 기회에 답을 해라.
1+1 ocasión 기회

0939

saco
[**사**꼬]

m. 자루, 포대, 가방
Tres al saco, y el saco en tierra.
사공이 많으면 배는 산으로 간다.
1+1 sacomano 노상강도

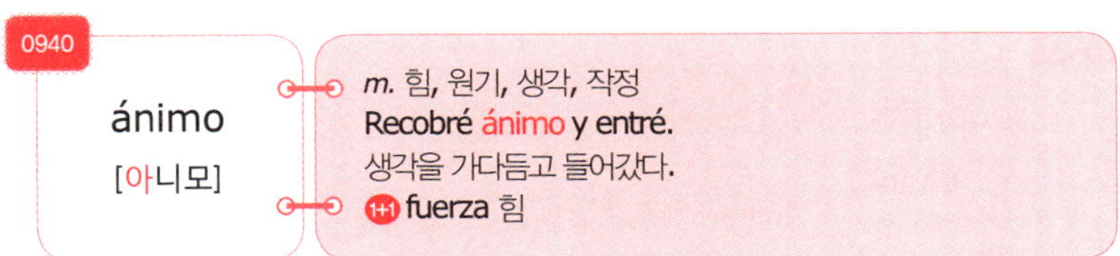

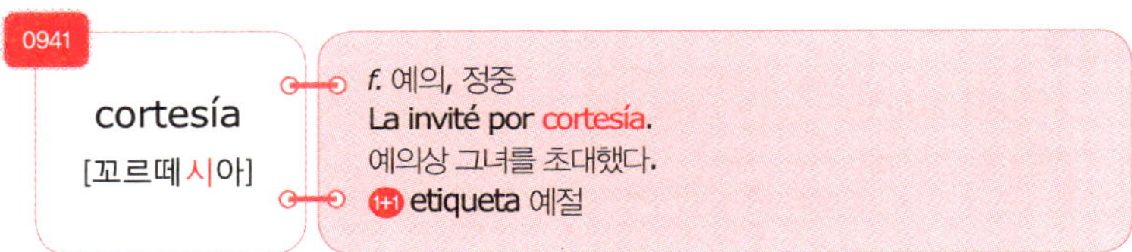

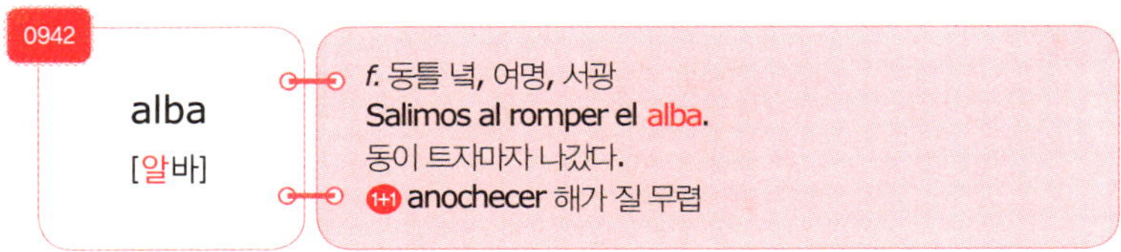

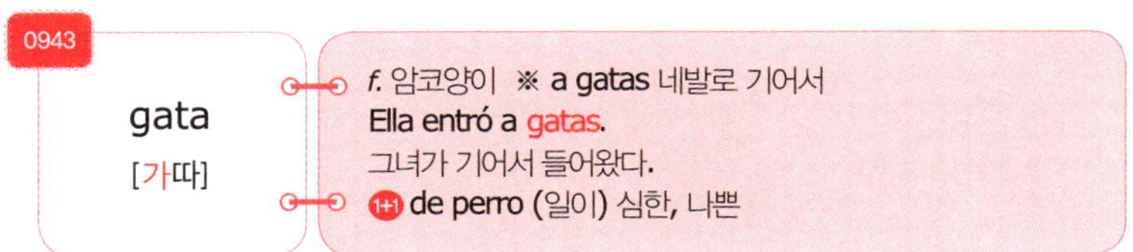

0944
mérito
[메리또]

m. 칭찬, 효용, 가치
Hay que darle mucho mérito.
그에게 많은 칭찬을 해주어야 한다.
1+1 admiración 칭찬

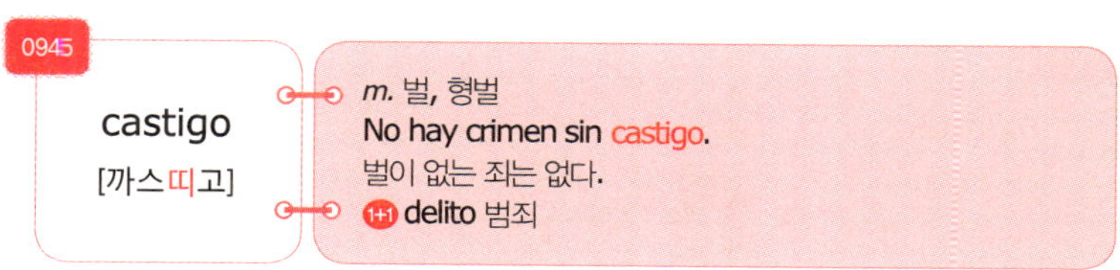

0945

castigo
[까스**띠**고]

m. 벌, 형벌
No hay crimen sin castigo.
벌이 없는 죄는 없다.
1+1 delito 범죄

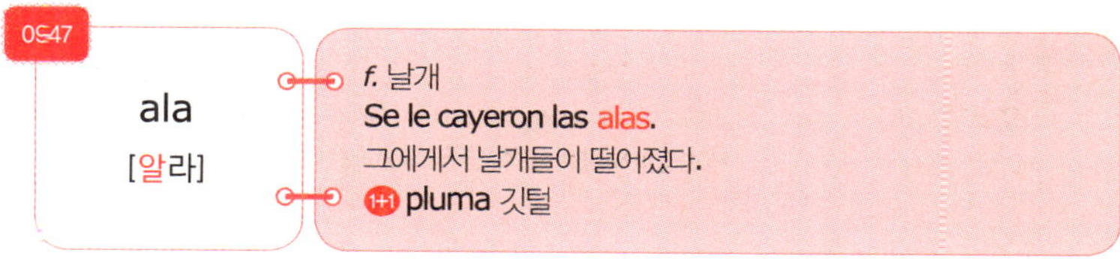

0946

descripción
[데스끄립씨**온**]

f. 묘사, 설명
Nos dio una descripción con pelos y señales.
우리에게 자세한 상황을 설명해 주었다.
1+1 testimonio 증언

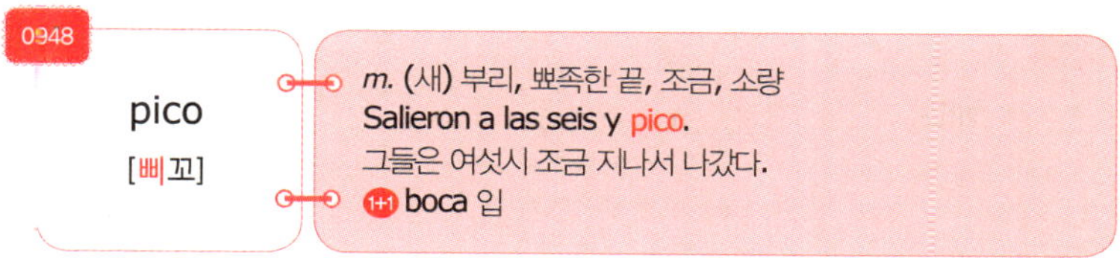

0947

ala
[**알**라]

f. 날개
Se le cayeron las alas.
그에게서 날개들이 떨어졌다.
1+1 pluma 깃털

0948

pico
[**삐**꼬]

m. (새) 부리, 뾰족한 끝, 조금, 소량
Salieron a las seis y pico.
그들은 여섯시 조금 지나서 나갔다.
1+1 boca 입

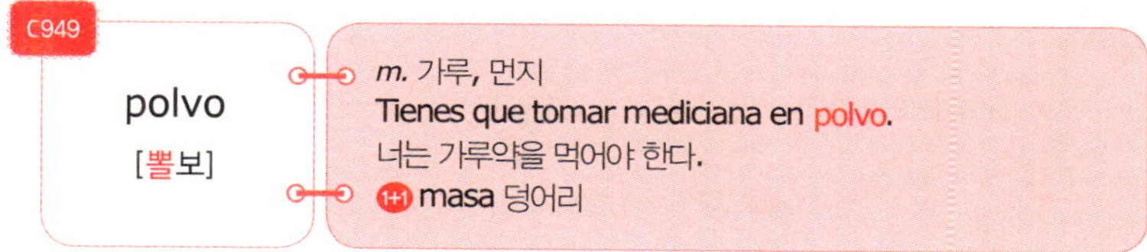

0949

polvo
[**뽈**보]

m. 가루, 먼지
Tienes que tomar mediciana en polvo.
너는 가루약을 먹어야 한다.
1+1 masa 덩어리

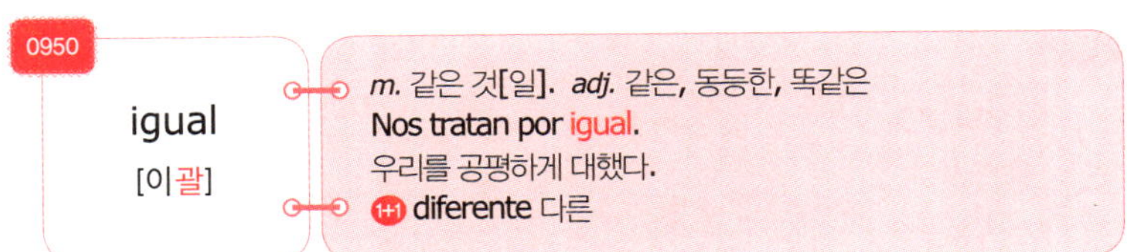

0950

igual
[이괄]

m. 같은 것[일]. *adj.* 같은, 동등한, 똑같은
Nos tratan por igual.
우리를 공평하게 대했다.
1+1 diferente 다른

0951

pretexto
[쁘레떽스또]

m. 핑계, 구실, 변명
Lo tomó de pretexto para faltar a la clase.
수업에 빠지기 위해 핑계로 그것을 가져왔다.
1+1 excusa 변명, 핑계

0952

prestigio
[쁘레스띠히오]

m. 권위, 명성, 위신
Sufrieron una pérdida de prestigio en ese negocio.
그들은 그 사업에서 위신을 잃어 고통 받았다.
1+1 privilegio 특혜

0953

falta
[팔따]

f. 부족, 필요(성)
Venga mañana sin falta.
내일 반드시 오세요.
1+1 superabundancia 과다

0954

honradez
[온라데쓰]

f. 정직, 성실
Nos trató con absoluta honradez.
그는 절대적 정직함으로 우리를 대했다.
1+1 mentira 거짓

0955

insignificancia
[인시그니피깐씨아]

f. 무의미한 일, 하찮은 일[것]
Todo lo que me queda es una insignificancia.
나에게 남은 것은 별거없다.
1+1 significación 의미, 의의

0956

alpinismo
[알삐니스모]

m. 등산
Este libro describe los placeres del alpinismo.
이 책은 등산의 즐거움을 그리고 있다.
1+1 natación 수영

0957

humo
[우모]

m. 연기
La idea fue solo humo de pajas.
아이디어는 단지 짚 (타는) 연기와 같았다.
1+1 chimenea 굴뚝

0958

gratis
[그라띠스]

adv. 공짜로, 무료로
Me lo mandaron gratis.
내게 그것을 공짜로 보내줬다.
1+1 de pago 유료(의)

0959

gracia
[그라씨아]

f. 우스움, 기품, 우아
Eso tiene gracia.
그것은 웃기다.
1+1 tristeza 슬픔

0960

evidente
[에비**덴** 떼]

adj. 명확한, 분명한
El conflicto genracional es evidente.
세대 간의 갈등은 명백하다.
1+1 indistinto 뚜렷하지 않은

0961

mirada
[미**라** 다]

f. 시선, 눈초리
Me lanzó una mirada.
나에게 시선을 주었다.
1+1 murmuración 험담

0962

paja
[**빠** 하]

f. 짚, 짚풀, 건초
No se duerme en las pajas.
그는 건초 위에서 잘 수 없다.
1+1 sombrero de paja 밀짚모자

0963

guardía
[과르**디** 아]

f. 경비, 감시, 당직
En este pueblo hay dos farmacias de guardía.
이 마을에는 두 개의 당직 약국이 있다.
1+1 supervisión 감독, 지도

0964

escape
[에스**까** 뻬]

m. 탈출, 도주 ※ a escape 전속력으로
Se despidió a escape.
그는 빠르게 작별인사를 했다.
1+1 detención 체포, 구류

0965

indirecto
[인디**렉**또]

adj. 간접적 *f.* 넌지시 비침, 빈정거림.
Ella lanzó una indirecta.
그녀는 넌지시 말을 건넸다.
1+1 cara a cara 얼굴을 맞대고

0966

agigantado
[아히간**따**도]

adj. 방대한, 거대한
Está creciendo a pasos agigantados.
그녀는 매우 빨리 (급속히) 성장했다.
1+1 pequeño 적은

0967

fe
[페]

f. 신념, 믿음
Me lo dijo de buena fe.
그는 나에게 선의로 그것을 말해 주었다.
1+1 desconfianza 불신

0968

suelto
[수**엘**또]

adj. 자유롭게 된, 느슨해진
Durmieron a piernas sueltas.
대자로 발을 펴고 자고 있었다.
1+1 apretado 단단히 맨

0969

desorden
[데스**오**르덴]

m. 무질서, 난잡, 혼란
Su escritorio está en desorden.
너의 책상은 지저분하다.
1+1 el orden 순서, 질서

0970

cabezada
[까베싸다]

f. 꾸벅거리기, 머리를 부딪침
Cuando tiene sueño, da cabezadas.
너는 졸릴 때 머리를 꾸벅거린다.
1+1 siesta 낮잠

0971

adelante
[아델란떼]

adj. 앞에, 앞으로 ※ en adelante 장래, 앞으로
De ahora en adelante se quedará en casa.
지금 부터는 앞으로 집에 있을 것이다.
1+1 atrás 뒤로

0972

gordo
[고르도]

adj. 뚱뚱한, 살찐, 커다란
Ella sacó el premio gordo.
그녀는 일등을 탔다.
1+1 flaco 여윈

0973

resulta
[ㄹ~레술따]

f. 결과, 성과
Por resultas de la nevada, no hay clase.
폭설 때문에 수업이 없다.
1+1 proceso 과정

0974

regla
[ㄹ~레글라]

f. 규율, 법, 원칙
Es una regla inflexible.
바꾸기 힘든 규정이다.
1+1 disciplina 규율, 훈련

0975

escala
[에스깔라]

f. 규모, 비례, 사다리
Se compran en gran escala.
대규모로 구입되었다.
1+1 dimensión 규모, 크기

0976

lágrima
[라그리마]

f. 눈물
Está llorando a lágrimas vivas.
실컷 울고 있었다.
1+1 moco 콧물

0977

paciencia
[빠씨엔씨아]

f. 인내, 참을성
Perdió la paciencia.
그는 인내심을 잃었다.
1+1 impaciencia 조급함

0978

cónyuge
[꼰유헤]

m.f. 배우자, 남편, 아내
Viajar con su cónyuge es más barato que ir solo.
배우자와 함께 가는 것이 혼자 가는 것 보다 더 저렴하다.
1+1 prometido 피앙세

0979

cometa
[고메따]

m. 혜성. *f.* (종이) 연
Un cometa es un astro que deja tras de sí una estela luminosa.
혜성은 뒤에서 빛을 내면서 가는 별이다.
1+1 el planeta 행성

0980

astronauta
[아스뜨로**나**우따]

m.f. 우주비행사
Los **astronautas** han caminado sobre la luna en 1968.
우주 비행사들은 1968년에 달 위를 걸었다.
1+1 **extraterrestre** 외계인

0981

tierra
[띠**에** ㄹ~라]

f. 땅, 지구, 토지
Los misioneros enseñaron a los indios a cultivar la
tierra.
선교사들은 인디오들에게 토지 경작하는 법을 가르쳐 주었다.
1+1 **continente** 대륙

0982

frontera
[프론**떼** 라]

f. 국경, 경계
En la **frontera** entre España y Francia están los Pirineos.
스페인과 프랑스의 국경에는 피레네 산맥이 있다.
1+1 **límite** 경계, 제한

0983

cubo
[**꾸** 보]

m. (물) 양동이, 바퀴 통
Este **cubo** sirve para sacar agua.
이 양동이는 물을 긷는데 사용한다.
1+1 **grifo** 수도꼭지

0984

cima
[**씨** 마]

f. (산, 언덕) 꼭대기, 절정
Ella subió hasta la **cima**.
그녀는 꼭대기까지 올라갔다.
1+1 **llanura** 평야

0985

loma
[로 마]

f. 언덕, 구릉
Subimos a la loma para ver mejor el paisaje
경치를 더 잘 보기 위해 언덕 위로 올라갔다.
1+1 llanura 평야

0986

cortina
[꼬르띠 나]

f. 커튼
Hay cortina y persiana en la ventana del despacho.
사무실의 창문에는 블라인드와 커튼이 있다.
1+1 persiana (창) 블라인드

0987

marco
[마 르꼬]

m. 틀, 프레임, 액자
El cuadro tiene un marco de madera.
상자는 나무틀을 가지고 있다.
1+1 retrato 초상화

0988

sofocante
[소포깐 떼]

adj. 질식시키는, 무더운
Este cuarto está sofocante.
이 방은 숨 막힐 듯이 덥다.
1+1 friolento 추위를 잘타는

0989

docena
[도쎄 나]

f. 한 다스, 12개
Le regalamos una docena de rosas a la profesora.
우리는 선생님에게 장미 12송이를 드렸다.
1+1 centena 백 개(단위)

0990

freno
[프레노]

m. 브레이크
Al aparcar el coche, hay que poner el freno de mano.
차를 주차할 때, 핸드 브레이크를 걸어야 한다.
1+1 acelerador 액셀러레이터

0991

neumático
[네우마띠꼬]

m. (자동차) 타이어. *adj.* 공기의
¿Puedes mirar los neumáticos?
네가 바퀴를 볼 수 있니?
1+1 pinchazo (타이어) 펑크

0992

seguro
[세구로]

m. 보험, 안전. *adj.* 안전한, 확실한
¿Está incluido el seguro en el precio?
가격에 보험도 포함되어 있나요?
1+1 garantía 보장

0993

avería
[아베리아]

f. 파손, 고장, 해손
Hay una avería en mi coche.
내 차에 이상이 있다.
1+1 reparación 수리

0994

interés
[인떼레스]

m. 이자, 이익
¿Cuál es la tasa de interés?
이자율이 어떻게 되나요?
1+1 el capital 원금, 자본

0995

préstamo
[쁘레스따모]

m. 대여, 대부
Ella quiere hacer un préstamo.
그녀는 대출을 받고 싶어 한다.
1+1 prenda 담보, 저당

0996

sobresaliente
[소브레살리엔떼]

adj. 탁월한, 빼어난, 우수한
Algunas calificaciones son sobresalientes.
일부 자격은 매우 훌륭하다.
1+1 aprobado 합격된

0997

matrícula
[마뜨리꿀라]

f. 등록, 학적, 원부
Los derechos de matrícula son caros.
등록 수수료가 비싸다.
1+1 retirada 퇴각, 사퇴

0998

impuesto
[임뿌에스또]

m. 세, 세금, 과세
¿Están incluidos los impuestos?
세금도 포함 됐습니까?
1+1 multa 벌금

0999

bochorno
[보초르노]

m. 열풍, 무더위
En otoño hace un bochorno increíble en Corea.
가을에 한국에서 믿지 못할 무더위가 있다.
1+1 frío intenso 강추위

1000

clavo
[끌**라**보]

m. 못
Esos clavos no sirven porque son demasiado cortos.
그 못들은 쓸모없다. 왜냐하면 너무 짧다.
1+1 martillo 망치